C·H·Beck
PAPERBACK

Was das Schöne ist, was wir erfahren, wenn es unerwartet auftaucht, ist von den großen Denkern in West und Ost vielfach beantwortet worden. François Chengs philosophisch-poetische Meditationen kehren zu einfachen, grundlegenden Fragen über das Schöne in der Natur und in der Kunst zurück. Dabei gelingt es Cheng, westliches und östliches Denken in ein lebhaftes Gespräch miteinander zu bringen. Er sucht seine Antworten bei so verschiedenen Gewährsleuten wie Platon und Proust, Konfuzius und Augustinus, dem Taoismus und dem deutschen Idealismus. Ohne die Brüche zu überspielen, die die Moderne sichtbar gemacht hat, hält Cheng fest an einem Zusammenhang zwischen der Schönheit und der Güte, der gerade angesichts der Bedrohung unserer Welt Aufmerksamkeit verlangt.

François Cheng, geb. 1929 in China, siedelte bereits mit 19 Jahren nach Frankreich über. Er hat zahlreiche Romane, Gedichtsammlungen und Arbeiten über das chinesische Denken und die chinesische Kunst verfasst und ist zudem ein berühmter Kalligraph. Seit 2002 ist er Mitglied der Académie française. Bei C.H.Beck erschienen 2015 seine «Fünf Meditationen über den Tod und über das Leben» und 2018 sein Buch «Über die Schönheit der Seele. Sieben Briefe an eine wiedergefundene Freundin».

François Cheng

Fünf Meditationen über die Schönheit

Aus dem Französischen von Judith Klein

C.H.Beck

Die deutsche Ausgabe erschien
zuerst in gebundener Form im Jahr 2008 im Verlag C.H.Beck.
1. Auflage der Broschur-Ausgabe in der BsR 2013
2. Auflage in C.H.Beck Paperback 2017

Die Originalausgabe erschien auf Französisch unter dem Titel:
Cinq méditations sur la beauté, © Éditions Albin Michel, S.A. –
Paris 2006

3. Auflage in C.H.Beck Paperback. 2020
Für die deutsche Ausgabe:
© Verlag C.H.Beck oHG, München 2008
Gesetzt aus der Cochin – Druck und Bindung: Druckerei
C.H.Beck, Nördlingen – Umschlagabbildung: Schatten einer
Pflanze, © Katharina Berger/buchcover.com – Umschlag-
gestaltung: Uwe Göbel, München – Printed in Germany –
ISBN 978 3 406 70941 8 – *www.chbeck.de*

Inhalt

Wenige Bücher entstehen so wie dieses. Die folgenden Seiten sind das Ergebnis einer besonderen Geschichte, einer Geschichte von Begegnungen. Natürlich haben sie auch ihre Vorgeschichte, die in einem Leben gründet, das ganz dem Schreiben, der Überlieferung einer jahrtausendealten künstlerischen Tradition und dem Dialog zwischen dem östlichen und dem westlichen Denken gewidmet ist. Doch als François Cheng daran ging, die Quintessenz seiner Forschungen und Reflexionen auf knappem Raum zu verdichten, wie er es schon seit einigen Jahren vorhatte, war er plötzlich ratlos: Was er zu sagen hatte, sprengte den Rahmen bloßer Gelehrsamkeit, ging ihn auf seinem persönlichen Weg unmittelbar an und konnte nicht in der Form einer zusammenfassenden Abhandlung geschrieben werden, die sicher nützlich, doch nicht fruchtbar gewesen wäre. Warum sollte man über die Schönheit sprechen, wenn man nicht versuchte, den Menschen zu dem zurückzubringen, was das Beste in ihm ausmacht, und wenn man nicht vor allem eine Sprache wagte, die ihn verändern kann? Es war damals, als ob sich im Inneren des Menschen François Cheng der Dichter an den Schriftsteller und Gelehrten richtete und ihnen deutlich

machte, wie anstößig es sei, in gelehrter Form über ein Thema zu sprechen, bei dem nicht weniger als das Wohl der
Menschheit auf dem Spiel steht. Er verpflichtete sie, das
Wort «Schönheit» nicht ohne klares Bewusstsein von der
Barbarei der Welt in den Mund zu nehmen. Er schärfte ihnen ein, dass angesichts des fast überall herrschenden Zynismus die Ästhetik nur zu ihrem eigentlichen Kern vor-
dringen kann, wenn sie die Ethik als eine subversive Kraft
in sich aufnimmt.

Man musste also zum Wesentlichen zurückkehren, das
heißt zu der entscheidenden Realität des «Dazwischen», zu
der Beziehung, die die Menschen vereint, zu dem, was zwischen ihnen an Unerwartetem und Unerhofftem aufkommt;
schon in seiner Einleitung zu «Le Livre du Vide médian»
(«Das Buch der mittleren Leere») hatte der Dichter davon
gesprochen. So entstand der Gedanke, beim Schreiben einen
Umweg zu machen – über eine reale Begegnung mit Menschen aus Fleisch und Blut, mit Augen und Ohren. François
Cheng war davon überzeugt, dass sich wahre Schönheit nur
in der Begegnung und im Austausch enthüllt; so ging es ihm
darum, wirkliche Gesichter einzubeziehen, in deren Anwesenheit die Worte der Schönheit gleichsam unausweichlich
hervorbrechen würden. Es bildete sich ein informeller Freun-
deskreis aus Künstlern und Wissenschaftlern, Philosophen
und Psychoanalytikern, Schriftstellern und Anthropologen,
Kennern und Nichtkennern des Orients und Chinas; sie
hatten das Privileg, an fünf unvergesslichen Abenden[1] der
Genese dieser Meditationen beizuwohnen. Oder vielmehr

Anteil an dieser Genese zu haben – so sehr war dem Dichter daran gelegen, mit ihnen in einen schöpferischen Austausch zu treten.

Diese fünf Meditationen tragen also den Stempel der Mündlichkeit und müssen dementsprechend gelesen werden. Oft entfalten sie sich durch ein allmähliches Sich-Vertiefen, in einem spiralförmigen Denken, dessen unvermeidbare Wiederholungen in Wirklichkeit auch Neues enthalten, das aus dem Austausch des Dichters mit seinen Gesprächspartnern hervorgeht. Jeder Teilnehmer an diesen Zusammenkünften hat während dieser Augenblicke intensiver Anwesenheit eine seltsame Erfahrung machen können: Ein Mensch gab sich in Demut ganz hin, um eine scheinbar «nutzlose», in unserer Gesellschaft vernachlässigte, ja lächerlich gemachte Realität zu evozieren; doch mitten in diesem kostbar-fragilen Geschehen entstand zwischen den Beteiligten etwas Einmaliges, das jeder plötzlich als grundlegend wahrnahm.

Wir übergeben diese aus geteilter Erfahrung entstandenen Meditationen einem größeren Publikum; möge es ebenfalls daran teilhaben, so dass der Funke der Schönheit lebt, den sie gezündet haben.

Erste Meditation

In diesen Zeiten des allgegenwärtigen Elends und der blinden Gewalt, der Naturkatastrophen und der ökologischen Desaster mag es unpassend und unschicklich erscheinen, über die Schönheit zu sprechen. Eine Provokation, beinahe ein Skandal. Doch gerade dadurch wird uns deutlich, dass die Schönheit – dem Bösen entgegengesetzt – ihren Platz am anderen Ende einer Wirklichkeit hat, der wir uns stellen müssen. Ich bin davon überzeugt, dass es unsere dringende und bleibende Aufgabe ist, diesen beiden Geheimnissen, welche die zwei Pole des lebendigen Universums bilden, ins Auge zu sehen: dem Bösen einerseits und dem Schönen andererseits.

Das Böse – wir wissen, was es ist; vor allem das Böse, das der Mensch dem Menschen antut. Wenn er dem Hass und der Grausamkeit verfällt, kann er aufgrund seiner Intelligenz und seiner Freiheit gleichsam bodenlose Abgründe aufreißen. Dort liegt ein Geheimnis verborgen, das unserem Bewusstsein keine Ruhe lässt und ihm offenbar eine unheilbare

Wunde zufügt. Das Schöne – wir wissen ebenfalls, was es ist. Man braucht jedoch nur ein wenig darüber nachzudenken, um tief erstaunt zu sein: Das Universum ist nicht dazu verpflichtet, schön zu sein, und doch ist es schön. Angesichts dieser Feststellung erscheint uns die Schönheit der Welt, die trotz der Katastrophen vorhanden ist, ebenfalls als ein Rätsel.

Was bedeutet die Existenz der Schönheit für unsere eigene Existenz? Und was bedeutet angesichts des Bösen Dostojewskis Satz: «Schönheit wird die Welt erlösen»?[2] Das Böse und das Schöne sind die beiden Herausforderungen, die wir annehmen müssen. Dabei dürfen wir nicht übersehen, dass das Böse und das Schöne nicht nur entgegengesetzt sind: Sie sind manchmal miteinander verquickt. Denn das Böse ist in der Lage, sogar die Schönheit in ein Mittel der Täuschung, der Herrschaft oder des Todes zu verwandeln. Ist etwas Schönes, das nicht auf dem Guten beruht, noch «schön»? Unsere Intuition sagt uns, dass es zu unserer Aufgabe gehört, die wahre Schönheit von der falschen zu unterscheiden. Dabei geht es um nichts weniger als die Wahrheit des menschlichen Schicksals – eines Schicksals, das die Grundlagen unserer Freiheit mitumfasst.

Es lohnt sich vielleicht, noch den persönlicheren Grund dafür zu nennen, dass ich mich mit der Frage der Schönheit befasse und dabei die des Bösen nicht vernachlässige: Diese beiden extremen Phänomene haben mich schon sehr früh – ich war noch ein Kind – drei oder vier Jahre lang buchstäblich «überwältigt». Zunächst die Schönheit.

Ich komme aus der Provinz Jiangxi, in der sich der Berg Lu befindet. Dort verbrachten wir jeden Sommer einige Zeit mit unseren Eltern. Der Berg Lu gehört zu einer Gebirgskette und ist mehr als zweitausend Meter hoch; er überragt auf der einen Seite den Fluss Yangzi und auf der anderen den Boyang-See.

Aufgrund seiner außergewöhnlichen Lage gilt er als eine der schönsten Landstriche Chinas. Seit ungefähr fünfzehn Jahrhunderten haben sich hier Eremiten, Mönche, Dichter und Maler niedergelassen. Westliche Reisende, insbesondere protestantische Missionare, entdeckten ihn gegen Ende des 19. Jahrhunderts und machten ihn zum Ort ihrer Sommerfrische. Sie gruppierten sich um einen zentral gelegenen Hügel und übersäten ihn mit Hütten. Ungeachtet der Überreste des Alten und trotz der modernen Niederlassungen bewahrt der Berg Lu seine Faszinationskraft, denn die Berge ringsum besitzen noch ihre ursprüngliche Schönheit. Eine Schönheit, die in der Überlieferung als geheimnisvoll bezeichnet wird; so konnte der Ausdruck

«Schönheit des Berges Lu» im Chinesischen die Bedeutung «unergründliches Geheimnis» annehmen.

Ich werde diese Schönheit nicht beschreiben. Sagen wir, dass sie der eben erwähnten außergewöhnlichen Lage zu verdanken ist: Immer neue Perspektiven tun sich hier auf, und das Licht spielt immer wieder anders, endlos. Sie beruht auch auf den Nebelschwaden und Wolken, den fantastischen Felsen, zwischen denen eine mannigfaltige, üppige Vegetation wächst, den Wasserfällen und Kaskaden, die zu jeder Jahreszeit, Tag für Tag, ununterbrochen ihre Musik vernehmen lassen. In den Sommernächten ist der Berg, der dort zwischen dem Fluss und der Milchstraße steht, von Glühwürmchen erleuchtet und atmet seine Düfte aus, die aus allen möglichen Essenzen kommen; Tiere wachen und genießen berauscht den Mondschein, Schlangen entrollen ihre seidene Haut, Frösche breiten ihre Perlen aus, Vögel schleudern zwischen zwei Schreien schwarze funkelnde Pfeile …

Doch es ist nicht meine Absicht zu beschreiben. Ich möchte einfach nur sagen, dass sich die Natur durch den Berg Lu dem sieben oder acht Jahre alten Kind, das ich bin, in ihrer ganzen wunderbaren Gegenwart als ein unerschöpfliches Geheimnis und vor allem als eine unwiderstehliche Leidenschaft offenbart. Sie scheint mich dazu aufzurufen, an ihrem Abenteuer teilzunehmen; dieser Ruf wühlt mich auf, überwältigt mich. So jung ich auch bin, so weiß ich doch, dass diese Natur auch viel Gewalt und Grausamkeit in sich birgt, vor allem unter den Tieren. Doch wie sollte ich die Botschaft nicht vernehmen, die in mir widerhallt: Die Schönheit existiert!

In jener fast noch ursprünglichen Welt wird diese Botschaft bald auch durch die Schönheit des menschlichen Körpers bekräftigt – die Schönheit des weiblichen Körpers. Auf den Bergpfaden begegne ich manchmal jungen westlichen Mädchen in Badeanzügen, die zu einem von Kaskaden gespeisten Becken gehen, um dort zu baden. Die Badeanzüge jener Zeit waren höchst züchtig. Doch der Anblick nackter Schultern und nackter Beine im Sommerlicht – was für ein Schock! Und das freudige Lachen dieser jungen Mädchen, das dem Rauschen der Kaskaden antwortet! Es scheint, die Natur habe da eine besondere Sprache gefunden, mit der man sie feiern kann. Feiern, das ist es. Die Menschen müssen ja mit der Schönheit, die ihnen die Natur darbietet, etwas machen.

Es dauert nicht lange und ich entdecke das magische Ding, das die Kunst ist. Mit großen Augen fange ich an, die chinesische Malerei, die auf so wunderbare Weise die dunstigen Gebirgsszenen neu erschafft, aufmerksamer zu betrachten. Und die größte Entdeckung von allen: eine andere Art von Malerei. Eine meiner Tanten bringt uns von einem

Aufenthalt in Frankreich Reproduktionen aus dem Louvre und aus anderen Museen mit. Ein erneuter Schock angesichts der so sinnlich und so ideal dargestellten nackten Körper der Frauen: griechische Venus-Statuen, Modelle von Botticelli, von Tizian und vor allem – näher an unserer Zeit – von Chassériau und Ingres. «Die Quelle» von Ingres bemächtigt sich in ihrer Sinnbildlichkeit der Einbildungskraft des Kindes, rührt es zu Tränen, wühlt es auf.

Es ist Ende 1936. Nicht einmal ein Jahr später bricht der Chinesisch-Japanische Krieg aus. Die japanischen Aggressoren setzen auf einen kurzen Krieg. Der chinesische Widerstand überrascht sie. Als sie nach mehr als einem Jahr die Hauptstadt einnehmen, kommt es zu dem schrecklichen Massaker von Nankin. Ich bin damals gerade zehn Jahre alt.

Innerhalb von zwei oder drei Monaten gelingt es der entfesselten japanischen Armee, mit verschiedensten grausamen Methoden dreihunderttausend Menschen umzubringen: Erschießung der flüchtenden Menge mit dem Maschinengewehr, Massenhinrichtung durch Enthauptung mit dem Säbel, massenweises Hinabstürzen von Unschuldigen in riesige Gruben, in denen sie lebendig begraben werden.

Andere Horrorszenen: Gefangene chinesische Soldaten werden aufrecht an Pfählen festgebunden, um japanischen Soldaten als Opfer für Bajonettübungen zu dienen. Die Soldaten stehen ihnen in Reih und Glied gegenüber. Abwechselnd treten sie aus der Reihe hervor, stürzen sich brüllend auf das «Ziel» und jagen ihm das Bajonett ins lebendige Fleisch …

Das Los der Frauen ist nicht weniger grausam. Individuelle und kollektive Vergewaltigungen, denen häufig Verstümmelung und Mord folgen. Eine der Manien der Soldaten: die vergewaltigte Frau oder die vergewaltigten Frauen zu photographieren; man zwingt sie, sich neben den Vergewaltigern zu halten, aufrecht, nackt. Einige dieser Photos werden in chinesischen Dokumenten veröffentlicht, in denen die japanischen Greueltaten angeprangert werden. Im Bewusstsein des zehnjährigen Knaben, der ich bin, tritt jetzt zu dem Bild der idealen Schönheit von Ingres' «Die Quelle» – es gleichsam überblendend – das Bild der Frau, die man in ihrem Innersten besudelt, tödlich getroffen hat.

Wenn ich diese historischen Tatsachen erwähne, will ich keineswegs behaupten, dass Greueltaten nur von einem einzigen Volk begangen werden. In der Folge sollte ich Gelegenheit haben, die Geschichte Chinas und der Welt kennen zu lernen. Ich weiß, dass das Böse, die Fähigkeit zum Bösen, universell und der gesamten Menschheit eigen ist.

Jene beiden hervorstechenden, extremen Erscheinungen haben jedenfalls jetzt von meinen Gefühlen Besitz ergriffen. Später fällt es mir leicht, mir darüber klar zu werden, dass das Böse und das Schöne die beiden Pole des lebendigen Universums, das heißt der Wirklichkeit, bilden. Ich verstehe nun, dass ich die beiden Pole im Auge behalten muss: Wenn ich mich nur mit dem einen befasse und den anderen vernachlässige, wird meine Wahrheit niemals gültig sein. Intuitiv verstehe ich: Einerseits ist ein Leben ohne Schönheit wohl nicht wert, gelebt zu werden; andererseits entspringt gerade aus einer entsetzlichen Perversion, dem Missbrauch der Schönheit, eine bestimmte Form des Bösen.

Aus diesem Grund trete ich heute vor Sie hin, um – ziemlich spät in meinem Leben – die Frage der Schönheit ins Auge zu fassen, wobei ich mich bemühe, die Existenz des Bösen nicht zu vergessen. Eine schwierige und undankbare Aufgabe, ich weiß. In einer Zeit der Verwirrung der Werte ist es vorteilhafter, ironisch, zynisch, sarkastisch, desillusioniert oder auch betont lässig aufzutreten. Den Mut, die Kraft, jene Aufgabe in Angriff zu nehmen, ziehe ich, so scheint mir, aus dem Wunsch, eine Pflicht sowohl gegenüber den Leidenden und den Toten als auch gegenüber den noch nicht Geborenen zu erfüllen.

Ich muss jedoch zugeben, dass mich Skrupel, wenn nicht sogar Ängste überfallen. Wenn ich so vor Ihnen stehe, fürchte ich, dass Sie Fragen stellen, deren Berechtigung ich nicht bestreiten kann, Fragen wie: «Von welchem Standpunkt aus sprechen Sie, von welcher Position gehen Sie aus? Auf welche Legitimation berufen Sie sich?» Auf solche Fragen antworte ich ganz schlicht: Ich besitze keine besondere Qualifikation. Ich lasse mich von einer einzigen Regel leiten: nichts von dem, was das Leben ausmacht, zu vernachlässigen; niemals darauf zu verzichten, den anderen Gehör zu schenken, und selbständig zu denken. Es ist nicht zu leugnen, dass ich von einem bestimmten Fleck dieser Erde und aus einer bestimmten Kultur komme. Da ich diese Kultur besser als jede andere kenne, mache ich es mir zur Aufgabe, sie von ihrer besten Seite darzustellen. Doch aufgrund meines Exils bin ich ein Mensch von nirgendwoher oder aber von überallher geworden. Ich spreche also nicht im Namen einer Tradition oder eines uns von den Alten, deren Zahl begrenzt wäre, überlieferten Ideals und noch weniger im Namen einer vorgefertigten Metaphysik, eines festgelegten Glaubens.

Ich trete lieber als ein etwas naiver Phänomenologe vor Sie hin, der nicht nur die bereits von der Vernunft entdeckten und umgrenzten Gegebenheiten beobachtet und befragt, sondern auch das, was verborgen und inbegriffen ist, was unerwartet und unverhofft auftaucht, was sich als Geschenk und Versprechen manifestiert. Ich verkenne nicht, dass man in der Welt der Materie Theoreme aufstellen kann und muss; hingegen weiß ich auch, dass man im Bereich des Lebens lernen sollte, die Phänomene zu erfassen, die sich – jedes Mal auf besondere Weise – ereignen, wenn sie sich als Phänomene enthüllen, die in Richtung des *Weges* weisen, das heißt des offenen Lebens. Neben der Reflexion muss ich daran arbeiten, meine Aufnahmefähigkeit zu vertiefen. Nur eine Haltung des Empfangens – die «Schlucht der Welt» sein, sagt Laotse –, nicht eine des Eroberns wird es uns erlauben, davon bin ich überzeugt, vom offenen Leben das Wahre aufzunehmen.

Indem ich dieses Wort, «wahr», ausspreche, kommt mir eine Frage: Ich habe mir vorgenommen, über die Schönheit nachzudenken, gut; doch ist es eigentlich berechtigt, sie als höchste Manifestation der gesamten Schöpfung hinzustellen? Wenn wir uns auf die platonische Tradition stützen, gebührt dann nicht dem Wahren oder der Wahrheit in der Welt der Ideen der oberste Rang? Und folgt dann nicht sofort das Gute oder die Güte? Diese höchst berechtigte Frage muss uns in der Tat bei unserem Nachdenken ständig gegenwärtig sein. Während wir unsere Gedanken über das Schöne entwickeln, müssen wir versuchen, sie Schritt für Schritt anhand der Begriffe der Wahrheit und des Guten zu rechtfertigen.

Zunächst nur das Folgende: Dass das Wahre oder die Wahrheit grundlegend ist, scheint uns evident. Da das lebendige Universum existiert, muss es eine Wahrheit geben, damit diese Realität in ihrer Gesamtheit funktionieren kann. Was das Gute oder die Güte angeht, begreifen wir ebenfalls ihre Notwendigkeit. Damit die Existenz dieses lebendigen Universums fortdauern kann, muss es ein Mindestmaß an Güte geben, sonst würden wir uns unter Umständen bis auf den letzten Mann gegenseitig umbringen, und alles wäre sinnlos. Und die Schönheit? Sie existiert, ohne dass ihre Notwendigkeit auf den ersten Blick evident erscheint. Sie ist da, allgegenwärtig, spürbar, durchdringend, und macht doch den Eindruck, überflüssig zu sein – darin liegt ihr Geheimnis; in unseren Augen ist es das größte Geheimnis.

Wir könnten uns ein Universum vorstellen, das nur *wahr* wäre, ohne dass die geringste Idee von Schönheit es auch nur streifen würde. Es wäre nichts anderes als ein funktionelles Universum, in dem sich undifferenzierte, einförmige, durch und durch austauschbare Elemente entfalten würden. Wir hätten es mit einer «Roboter»-Ordnung und nicht mit einer Lebensordnung zu tun. Tatsächlich haben uns die Konzentrationslager des 20. Jahrhunderts eine schreckliche Vorstellung davon geliefert.

Damit es Leben geben kann, muss es eine Differenzierung der Elemente geben, aus der im Laufe der Evolution die Einzigartigkeit jedes Lebewesens hervorgegangen ist. Das entspricht dem Gesetz des Lebens, dem gemäß jedes Wesen eine besondere organische Einheit bildet und zugleich die Fähigkeit hat, zu wachsen und sich zu verändern. So ist jeder Grashalm, jede Blume, jeder von uns Menschen einzigartig und unersetzbar – eine Folge des gigantischen Abenteuers des Lebens. Dieser Tatbestand ist so evident, dass wir darüber nicht mehr staunen oder in Rührung geraten. Und doch bin und bleibe ich persönlich jemand, der seit eh und je staunt. Weit davon entfernt, mich mit zunehmendem Alter desillusioniert zu fühlen, staune ich nach wie vor darüber und bin – warum sollte ich es nicht sagen? – fortwährend glücklich darüber, denn ich weiß, dass die Einzigartigkeit der Lebewesen, also jedes einzelnen Wesens, ein unerhörtes Geschenk ist.

Es kommt vor, dass ich mir ausmale, die Dinge hätten auch ein wenig anders verlaufen, die Elemente sich nach allgemeinen Kategorien differenzieren können. So dass es zum Beispiel die Kategorie Blume gäbe, mit lauter gleichen Blumen, oder die Kategorie Vogel, mit lauter identischen Vögeln, die Kategorie Mann, die Kategorie Frau usw.

Aber nein, es gibt diese Blume, diesen Vogel, diesen Mann, diese Frau. Im Bereich der Materie – auf

funktionaler Ebene – kann man also Theoreme aufstellen, im Bereich des Lebendigen ist jede Einheit
immer einmalig. Ich sollte hier gleich hinzufügen,
dass jeder in dem Maße einmalig ist, in dem es alle
anderen auch sind. Wenn ich das einzige einmalige
Lebewesen, alle anderen aber identisch wären, wäre
ich nur ein bizarres Exemplar, das sich gut dazu eig-
nen würde, im Schaukasten eines Museums ausge-
stellt zu werden. Die Einmaligkeit eines jeden Wesens kann sich nur im Angesicht und dank der Einmaligkeit der anderen Wesen ausbilden, behaupten,
offenbaren und schließlich einen Sinn bekommen.
Das ist geradezu die Bedingung für ein offenes Leben. So verstanden gibt es keine Gefahr, dass es sich
in einen todbringenden Narzissmus einschließt. Jede wahre Einmaligkeit verlangt nach anderen Ein-
maligkeiten, sehnt sich nach anderen Einmalig-
keiten.

Die Tatsache der Einmaligkeit bestätigt sich sowohl im Raum als auch in der Zeit. Im Raum erkennen und unterscheiden sich die Lebewesen durch
ihre Einmaligkeit. In der Zeit trägt jeder Augenblick, jede Erfahrung eines jeden einzelnen Lebewesens den Stempel der Einmaligkeit. Der Gedanke an
diese einmaligen Augenblicke weckt in uns, sofern
sie glücklich und schön waren, Gefühle, die uns in
unserem Innersten treffen; sie sind von einer unendlichen Nostalgie begleitet. Es scheint uns evident –

und wir akzeptieren diese Evidenz –, dass die Einmaligkeit des Augenblicks mit unserer Sterblichkeit zu tun hat; sie ruft sie uns beständig ins Gedächtnis. Aus diesem Grund erscheint uns die Schönheit fast immer tragisch, sind wir doch von dem Bewusstsein beherrscht, dass jede Schönheit vergänglich ist. An diesem Punkt können wir auch schon unterstreichen, dass Schönheit mit der Einmaligkeit des Augenblicks zu tun hat. Wahre Schönheit kann kein Zustand sein, der in ewiger Starrheit verharrt. Sie ereignet sich, erscheint, und das stellt immer einen einmaligen Augenblick dar; das ist ihre Seinsweise. Da jedes Lebewesen und jeder seiner Augenblicke einmalig ist, liegt seine Schönheit in seinem nur einen Augenblick während Elan hin zur Schönheit – einem immer wieder erneuerten Elan, der jedes Mal wie neu ist.

In meinen Augen beginnt die Möglichkeit der Schönheit bei der Einmaligkeit: Das einzelne Seiende ist kein Roboter unter Robotern mehr und auch keine einfache Gestalt unter anderen Gestalten. Die Einmaligkeit verwandelt jedes Wesen in ein Gegenwärtig-Anwesendes, das durch die Zeit hindurch – wie eine Blume oder ein Baum – beständig zur Fülle seines Glanzes strebt, und das genau ist die Definition der Schönheit.

Als Gegenwärtig-Anwesendes ist jedes Wesen potentiell von einer Fähigkeit zur Schönheit und vor allem von einem «Verlangen nach Schönheit» durchdrungen. Auf den ersten Blick ist das Universum nur von einer Gesamtheit von Gestalten bevölkert; in Wirklichkeit ist es jedoch von einer Gesamtheit von Gegenwärtig-Anwesenden bevölkert. Ich möchte glauben, dass sich jedes Anwesende – das auf nichts anderes zurückgeführt werden kann – als Transzendenz erweist. Was insbesondere das menschliche Gesicht angeht, mache ich mir folgenden Gedanken von Henri Maldiney zu eigen – einen Gedanken, der mir lieb und teuer ist: «Jedes menschliche Gesicht strahlt eine Transzendenz aus, die man nicht zu seinem Besitz machen kann, die uns umhüllt und uns durchdringt. Sie ist nicht die Transzendenz eines besonderen seelischen Ausdrucks, sondern geht auf die Seinseigenschaft eines jeden Gesichts zurück, auf seine metaphysische Dimension. Sie ist die Transzendenz der Realität, die sich in ihm befragt und in ihm nachdenkt, und in eben diesem Fragen ist sie die exklamative Dimension des Offenen.»[3]

Aus dieser Realität kommt die Möglichkeit, «ich» und «du» zu sagen, die Möglichkeit der Sprache und vielleicht auch die der Liebe.

Doch wir wollen beim Thema der Schönheit bleiben. Wir stellen fest, dass sich im Inneren der Anwesenheit jedes Wesens und auch von Anwesendem zu Anwesendem ein komplexes Netz sich durchdringender und überschneidender Kreisläufe bildet. Innerhalb dieses Netzes existiert der Drang jedes Wesens, zur Fülle seiner Anwesenheit in der Welt zu gelangen. Je bewusster ein Seiendes ist, desto komplexer ist dieser Drang: Drang nach sich selbst, Drang nach dem anderen, Drang nach Verwandlung im Sinne der Verklärtheit und – auf geheimnisvollere oder mystischere Weise – noch ein anderer Drang, nämlich der, zu dem ursprünglichen Drang zu gelangen, aus dem das Universum hervorgegangen zu sein scheint; denn dieses erscheint in seiner Gesamtheit als eine Anwesenheit voll sichtbarer oder verborgener Pracht. Die Transzendenz jedes Lebewesens, von der wir sprachen, offenbart sich, ja existiert nur in einer Beziehung, die es erhöht und überschreitet. Die wahre Transzendenz liegt paradoxerweise im *Dazwischen*.

Zweite Meditation

Während unserer vorhergehenden Meditation habe ich gesagt, die Einmaligkeit der Lebewesen, die sie in ein Gegenwärtig-Anwesendes verwandelt, mache Schönheit möglich. Das hindert uns nicht, noch einmal die brennende Frage zu stellen: Das Universum ist nicht dazu verpflichtet, schön zu sein, aber es ist schön; bedeutet das etwas für uns? Wäre die Schönheit nichts als ein Überschuss, ein überflüssiger oder schmückender Zusatz, eine Art «Rosine im Kuchen»? Oder ist sie in einem ursprünglicheren Grund verwurzelt und gehorcht einer Intentionalität ontologischer Natur?

Dass uns das Universum durch seine Herrlichkeit ergreift, dass sich die Natur als wesenhaft schön offenbart, ist eine Tatsache, die durch die Erfahrung aller bestätigt wird. Hüten wir uns, die Schönheit des menschlichen Gesichts zu vergessen: das von den Malern der Renaissance gefeierte Gesicht der Frau, das Gesicht des Mannes, wie es auf gewissen Ikonen festgehalten wird. Wenn wir uns einmal nur auf die Natur beschränken, ist es nicht schwer, die allgemeinsten Elemente zu nennen, die unseren gewöhnlichen Eindruck von der Schönheit begründen:

die Pracht eines Sternenhimmels im Blau der Nacht;

der Glanz des Sonnenaufgangs und des Sonnenuntergangs überall auf der Welt;

das Erhabene eines breiten Flusses, der Felsformationen durchfließt und die Ebenen fruchtbar macht;

der hochragende Berg mit seinem verschneiten Gipfel, seinen grünen Abhängen und seinen mit Blumen übersäten Tälern;

eine blühende Oase inmitten einer Wüste;

eine Zypresse, die mitten auf einem Feld steht;

der herrliche Lauf der Antilopen in der Savanne;

der Flug einer Schar von Wildgänsen über einem See.

Wir kennen all diese Szenen so gut, dass sie fast wie Klischees wirken, die unsere Fähigkeit, zu staunen und verwundert zu sein, abgestumpft haben; dabei sollte uns jede einzelne Szene – jede ist für sich einmalig – die Gelegenheit bieten, das Universum wie zum ersten Mal zu sehen, wie am ersten Morgen der Welt.

Schon hier stellt sich uns eine Frage. Ist diese natürliche Schönheit, die wir beobachten, eine ursprüngliche, bereits dem entstehenden Universum innewohnende Eigenschaft oder ist sie das Ergebnis eines Zufalls? Eine gerechtfertigte Frage, heißt es doch, das Leben sei dem zufälligen Aufeinandertreffen verschiedener chemischer Elemente zu verdanken. Etwas begann sich zu bewegen, Materie wurde lebendig. Das Leben wird von manchen gern als Epiphänomen und – weil es so anschaulich ist – als «Schimmel» auf der Oberfläche eines Planeten beschrieben, verloren wie ein Sandkorn in einem Ozean von Galaxien. Und doch hat dieser «Schimmel» angefangen zu funktionieren und immer komplexer zu werden, bis er die Einbildungskraft und den Geist hervorgebracht hat. Und er hat sich nicht damit begnügt, bloß zu funktionieren, er hat es geschafft, sich zu erhalten, indem er die Vererbungsgesetze erfand. Und nicht damit zufrieden, bloß fortzubestehen, hat er sich einfallen lassen, auch noch schön zu werden.

Darüber, dass der «Schimmel» sich entwickelt und zu funktionieren anfängt, kann man nur staunen. Darüber, dass er es schafft, durch Vererbung fortzubestehen, kann man nur noch mehr staunen. Dass er offenbar unaufhaltsam nach Schönheit strebt, darüber kann man nur verblüfft sein. Aufs Geratewohl – ein glücklicher Zufall – ist die Materie eines *schönen* Tages schön geworden. Es sei denn, sie hat von Anfang an, potentiell, das Versprechen und die Fähigkeit schön zu werden in sich getragen?

Wir werden nicht versuchen, zwischen einer «zynischen» und einer «inspirierenderen» These eine Entscheidung zu treffen; das wäre vergebliche Mühe. Für uns ist es wichtig, der Realität, der ganzen Realität, treu zu bleiben, demütig genug, um für alle Tatbestände offen zu sein, die unsere Aufmerksamkeit auf sich ziehen und uns nicht in Ruhe lassen.

Was die Schönheit angeht, so lässt sich objektiv beobachten, dass unser Gefühl für das Heilige, das Göttliche, nicht bloß auf der Feststellung des Wahren beruht, das heißt auf etwas, das seinen Gang geht und funktioniert, sondern viel stärker auf der des Schönen, das heißt auf etwas, das durch seine rätselhafte Pracht erstaunt, bezaubert und überwältigt. Das Universum erscheint nicht als eine Gegebenheit; es offenbart sich als ein Geschenk, das zur Anerkennung und zur Feier einlädt. Alain Michel, emeritierter Professor an der Sorbonne, erklärt in seinem Werk «La Parole et la Beauté» («Das Wort und die Schönheit»): «Wie alle Philosophen des alten Griechenland glaubten, ist das Heilige mit der Schönheit verknüpft.»[4] Alle großen religiösen Texte gehen in dieselbe Richtung. Dabei brauchen wir uns gar nicht auf sie zu stützen, wir können es selbst beobachten. Flößt nicht die Gegenwart eines sehr hohen, von ewigem Schnee gekrönten Berges – Kant zählt ihn zu den erhabenen Gegenständen – den Bewohnern der Umgebung heilige Ehrfurcht ein? Rufen wir nicht in Augenblicken höchsten Erstaunens, in denen wir der Extase nahe sind, aus: «Es ist göttlich!»?

Wollte ich meine Gedanken vertiefen, würde ich sagen, dass unser Sinn für den Sinn – unser Sinn für ein Universum, das einen Sinn hat – auch von der Schönheit herrührt, und zwar in dem Maße, als eben dieses aus fühlbaren und wahrnehmbaren Elementen bestehende Universum immer eine präzise Richtung einschlägt: Es strebt danach – wie eine Blume oder ein Baum –, den Drang nach dem Aufglänzen des Seins, das es in sich trägt, zu verwirklichen, bis es zur Fülle seiner Anwesenheit gelangt. In diesem Prozess stoßen wir auf die drei Bedeutungen des Wortes «sens» (Sinn) im Französischen: Sinnesempfindung, Richtung, Bedeutung.

Es will wenig heißen, wenn wir sagen, dass der Mensch eine Beziehung zur Schönheit hat. In Wirklichkeit schöpft er inmitten seiner tragischen Situation aus der Schönheit Sinn und Freude. Später, wenn wir uns mit der Frage des künstlerischen Schaffens beschäftigen, werden wir versuchen, uns auf einige große ästhetische Traditionen zu stützen und gewisse Kriterien für die Bewertung der Schönheit zu bestimmen. Hier reicht die Andeutung, dass sich die Schönheit, die ich meine, nicht auf das Zusammenspiel äußerer Züge, auf die Erscheinung be-

schränkt, die mit einem ganzen Arsenal von Attribu-
ten umrissen werden kann: hübsch, gefällig, farben-
prächtig, schillernd, herrlich, elegant, ausgewogen,
wohlgestaltet, usw.

Die Schönheit der Form existiert natürlich, aber
sie ist weit davon entfernt, den gesamten Begriff der
Schönheit zu umfassen. Diese hat mit dem Sein
selbst zu tun, das von einem gebieterischen Drang
nach Schönheit erfüllt ist. Die wahre Schönheit liegt
nicht nur in dem, was schon als Schönheit gegeben
ist; sie liegt vor allem im Drang und im Elan. Sie ist
etwas, das sich ereignet, und die Dimension der Seele gehört zu ihrem Leben. Sie wird also vom Prinzip
des Lebens bestimmt. Von allen möglichen Kriterien
bürgt ein einziges für ihre Authentizität: Die wahre
Schönheit ist die, die dem *Weg* entspricht, wobei
Weg nichts anderes meint als die unwiderstehliche
Bewegung hin zu einem offenen Leben, ein Lebensprinzip, das alle Versprechen des Lebens offenhält.
Dieses auf dem Prinzip des Lebens fußende Kriterium, das mich keineswegs die Frage des Todes, zu
der wir noch kommen, vergessen lässt, schließt jeden Gebrauch der Schönheit als Mittel des Betrugs
und der Herrschaft aus. Ein solcher Gebrauch wäre
der Inbegriff des Hässlichen; er führt immer zur
Zerstörung.

Um meinen Worten mehr Klarheit zu verleihen,
füge ich noch hinzu: Schönheit ist etwas, das virtuell

da ist, das immer schon da ist, ein Drang, der aus dem Inneren der Seienden oder des Seins quillt, wie eine nie versiegende Quelle, die sich – weit mehr als eine anonyme und isolierte Gestalt – als eine strahlende und alles verbindende Anwesenheit offenbart; eine Anwesenheit, die zum Einverständnis, zur Interaktion, zur Verwandlung anregt.

Zum Sein gehörend und nicht zum Haben, kann wahre Schönheit in keinem Fall als Mittel oder Instrument definiert werden. Sie ist wesenhaft eine Seinsart, eine Existenzweise. Betrachten wir sie anhand eines ihrer Symbole: der Rose. Nehmen wir dabei die Gefahr in Kauf, in einen Diskurs der Sentimentalität zu verfallen! Durch welche Gewohnheiten und Entstellungen ist die Rose zu diesem etwas banalen, etwas faden Bild geworden, wo sich das Universum doch Milliarden Jahre entwickeln musste, um dieses Wesen – ein Wunder an Harmonie, Kohärenz und Entschlossenheit – hervorzubringen? Seien wir dazu bereit, uns ein für allemal auf die Rose einzulassen. Erinnern wir uns zunächst an das Distichon von Angelus Silesius, einem Dichter des 17. Jahrhunderts, der aus Schlesien stammte und den man den rheinisch-flämischen Mystikern wie Meister Eckhart oder Jakob Böhme an die Seite stellt.

Die Ros ist ohn warum; sie blühet, weil sie blühet,

Sie acht nicht ihrer selbst, fragt nicht, ob man sie siehet.[5]

Bekannte, wunderschöne Verse, vor denen man sich nur verneigen kann. In der Tat, die Rose ist ohne Warum, wie alle Lebewesen, wie wir alle. Wenn jedoch ein naiver Beobachter etwas hinzufügen wollte, könnte er sagen: Im vollen Sinn eine Rose in ihrer Einmaligkeit, mithin keineswegs ein anderes Ding zu sein, ist ein ausreichender Daseinsgrund. Es verlangt von der Rose, ihre gesamte Lebenskraft aufzubringen. Von dem Augenblick an, da ihr Stiel aus der Erde kommt, wächst er in eine bestimmte Richtung, wie angetrieben durch einen unerschütterlichen Willensdrang. Durch ihn hindurch bildet sich eine Kraftlinie, die sich in einer Knospe verdichtet, und bald entstehen aus dieser Knospe die Blätter und dann die Blütenblätter; sie entfalten sich, nehmen diese oder jene Wölbung an, diese oder jene Krümmung, sie wählen diesen oder jenen Farbton, diesen oder jenen Duft. Von nun an kann sie nichts mehr davon abhalten, ihre Bestimmung zu erfüllen, ihren Drang, sich vollkommen zu entfalten, indem sie sich von der Substanz, die aus der Erde kommt, ernährt, aber auch vom Wind, vom Tau und von den Sonnenstrahlen. All dies im Sinn der Fülle ihres Seins, einer Fülle, die schon im Keim steckt, von einem sehr fernen Anbeginn an, von Ewigkeit an, könnte man sagen.

Schließlich ist die Rose da, zeigt sich im vollen Glanze ihrer Anwesenheit und breitet ihre rhythmischen Wellen dahin aus, wohin sie strebt, zum reinen, grenzenlosen Raum. Diese unaufhaltsame Öffnung in den Raum hinein ähnelt einer Quelle, die unaufhörlich aus der Tiefe quillt. Denn die Rose ist – vorausgesetzt, sie hat den Willen, die ihr vom Schicksal zugemessene Zeit hindurch zu dauern – gehalten, aus der Tiefe zu schöpfen. Zwischen dem Boden und der Luft, zwischen Erde und Himmel gibt es ein Hin und Her, welches die Form der Blütenblätter symbolisiert – diese so besondere Form, zum eigenen Inneren hin gewölbt und zugleich sich im Gestus einer Opfergabe nach außen neigend. Jacques de Bourbon Busset fasst das in der glücklichen Formulierung zusammen: «Strahlen des Fleisches, Schatten des Geistes». Das Fleisch muss sich in der Tat im strahlenden Licht befinden, der Geist aber im Schatten, damit er dem Prinzip des Lebens, das über das Fleisch herrscht, beistehen kann. Selbst wenn die Blütenblätter abgefallen sind und sich mit dem nährenden Humus vermischen, dauert ihr unsichtbarer Duft fort – wie eine Emanation ihres Wesens oder ein Zeichen ihrer Verwandlung.

«Im Gestus einer Opfergabe», haben wir gesagt. Der Dichter hat jedoch geschrieben: «Sie achtet nicht ihrer selbst, fragt nicht, ob man sie siehet.» Das Warum einer Rose besteht in der Tat darin, im vollen Sinn eine Rose zu sein, und so fällt der Augenblick ihrer Seinsfülle mit der Fülle des Sein selbst zusammen. Anders gesagt, der Drang nach Schönheit geht in der Schönheit auf; diese hat sich nicht mehr zu rechtfertigen. Wenn wir weiterhin in Begriffen des «Gesehen-Werdens» oder «Nicht-gesehen-Werdens» argumentieren wollen und wenn wir einmal von der Rolle absehen, die die Rose in der «Erziehung» des menschlichen Blicks spielt, des Blicks dieser mit Augen und Geist ausgestatteten Geschöpfe, dann können wir sagen, dass allein ein göttlicher Blick die Schönheit der Rose aufnehmen kann, deren Glanz ein Widerspiel des Glanzes des ganzen Universums ist. Ich sagte mit Bedacht: aufnehmen, nicht: einnehmen!

Mir fällt wieder ein, was ich über die drei Bedeutungen des Wortes «Sinn» («sens») gesagt habe. Dieses einsilbige Wort scheint tatsächlich die drei Wesenszustände des Seins, wie sie die Rose kennt, in sich zu verdichten oder zu kristallisieren: Sinnesempfindung, Richtung, Bedeutung. Sagen wir präziser, dass wir unter «Bedeutung» nicht unbedingt einen intentionalen Akt in Hinblick auf etwas verstehen. Wenn es aber ein «in Hinblick auf» gibt, so in Hinblick auf die Freude. Denn es ist wahr, dass man sich des Seins nur dann vollständig erfreuen kann, wenn man im vollen Besitz seiner Sinne ist, einschließlich dieses instinktiven Bewusstseins von der eigenen Anwesenheit in der Welt – als «Lebenszeichen», das alle Potentialitäten und Virtualitäten enthält, die man in sich trägt.

Das Empfinden beschränkt sich nicht auf die Ebene des Sensorischen, und die Schönheit ist wahrlich diese Potentialität und Virtualität, zu der alles Seiende strebt. Hier gleiten wir – wiederum unmerklich – von dem französischen Wort zu einem chinesischen Schriftzeichen über, das ihm entspricht und vielleicht sogar reichhaltiger ist:

das Zeichen *yi* 意.

In seinem Kern bezeichnet das Ideogramm *yi* das, was aus der Tiefe eines Seienden kommt, den Elan, den Drang, die Intention, die Neigung; die Gesamtheit dieser Bedeutungen macht in etwa die Idee der «Intentionalität» aus. Verbunden mit anderen führt das Zeichen *yi* zu einer Reihe von zusammengesetzten Ideogrammen mit verschiedenen Bedeutungen, die jedoch miteinander organisch verknüpft sind. Man kann sie grosso modo in zwei Kategorien aufteilen, diejenigen, die mit dem Geist zu tun haben: Idee, Bewusstsein, Absicht, Wille, Orientierung, Bedeutung; und diejenigen, die zur Seele gehören: Charme, Reiz, Drang, Gefühl, Streben, Gestimmtheit des Herzens. Und schließlich, sie alle überwölbend, der Ausdruck «yijing», «höherer Zustand des Geistes, höchste Dimension der Seele».

Dieser Begriff, «yijing», verdient es, hervorgehoben zu werden. In China ist er zum wichtigsten Kriterium für die Bewertung eines poetischen oder malerischen Werkes geworden; wir werden darauf zurückkommen. An seiner Definition kann man ablesen, dass er sich sowohl auf den Geist als auch auf die Seele bezieht. Natürlich auf den Geist und die Seele des Künstlers, der das Werk geschaffen hat, aber auch auf die des lebendigen Universums, eines sich fortwährend erschaffenden Universums, das die Sprache mit dem Ausdruck «Zaowu», «Schöpfung», ja sogar mit «Zaowuzhe», «Schöpfer», bezeichnet. Im Allgemeinen hört man oft, dass das chinesische Denken die Vorstellung einer «Schöpfung» im biblischen Sinn des Ausdrucks nicht kennt. Es stimmt zwar, dass der Gedanke eines persönlichen Gottes diesem Denken fremd ist; doch dafür hat es in hohem Grade einen Sinn für das Herkommen und das Erzeugen, wie die Sätze von Laotse zeigen: «Das Sein entsteht im Nichtsein»; und: «[Das Tao des Ursprungs] erzeugt die Eins. Die Eins erzeugt die Zwei. Die Zwei erzeugt die Drei. Die Drei erzeugt alle Dinge.»[6] Gewiss ist all dies dem Begriff des Demiurgen nicht fern, doch hat es einen subtileren, komplexeren Gehalt.

Seit Zhuangzi, einem der Gründerväter des Taoismus – er wurde im 4. Jahrhundert v. Chr. geboren –, der zweimal dieses Wort «Zaowuzhe» (Schöpfer) benutzt hat, haben im Laufe der Geschichte Denker und Dichter – zum Beispiel Liu Zongyuan, Su Shi, Li Qingzhao, Zhu Xi, Zheng Xie – die Idee des «Zaowu you yi» entwickelt: «Schöpfer oder Schöpfung ist mit Drang, mit Intention begabt.» So versicherte der große Theoretiker Bu Yantu im 18. Jahrhundert auf lapidare Weise: «Der Gebrauch des *yi* ist gewiss unendlich; es stand über Himmel und Erde.» Ich erinnere an diese Gedanken, um darauf aufmerksam zu machen, dass ein geschaffenes Werk – das Werk eines Individuums oder das lebendige Universum – aus chinesischer Sicht zwar aus der Form hervorgeht, doch auch in so hohem Grade aus dem *yi*. In dem Maße, wie das *yi* in einem bestimmten Werk seinen höchsten Grad erreicht und schließlich mit dem universellen *yi* harmonisch zusammenklingt, erlangt dieses Werk seinen Wert an Fülle und Schönheit. Das *yijing*, von dem die Rede ist, bedeutet dann – über den Sinn «höherer Zustand des Geistes, höchste Dimension der Seele» hinaus – «Einklang, Einverständnis, Kommunion».

Aus der Sicht eines Chinesen liegt die Schönheit eines Dinges in seinem *yi*, dieser unsichtbaren Essenz, die es bewegt, seiner Würze, seinem Duft und dem Widerhall, den sie erzeugen. In Bezug auf eine Person, deren Seele nicht stirbt und deren Gegenwärtigkeit fortdauert, benutzt man den Ausdruck «liu fang baishi»; das bedeutet: «Ihr Duft bleibt und ist unvergänglich.» Der Duft – an der Verbindungsstelle von Körper und Seele – wird hier zum Zeichen der Seele selbst. Um zur Rose zurückzukehren: Durch den Duft gelangt sie zum Unendlichen ihres Seins. Der Duft ist also für die Rose keine Nebensache, er ist ihre Essenz, und zwar in dem Sinn, dass der Duft ihr erlaubt, die Dauer des *Weges* zu erreichen, des Weges, der im Unsichtbaren wirkt.

Im Übrigen stellt sich die Imagination der Chinesen den Duft und den harmonischen Ton als die beiden Attribute par excellence des Unsichtbaren vor, wobei sich beide – wir haben darauf hingewiesen – in rhythmischen Schwingungen bewegen. Sie sind in dem Ausdruck «Blumenduft und Vogelgesang» vereint, um eine idyllische Szene, und in dem Ausdruck «Weihrauchduft und Gongschlag», um eine religiöse Atmosphäre und einen geistigen Zustand zu evozieren. Vor allem aber werden diese beiden Attribute verbunden, um ein Ideogramm zu bilden: *xin* 馨, das «sich weit ausbreitender Duft, unvergänglicher Duft» bedeutet.

Der obere Teil dieses Ideogramms wird von dem Zeichen 殸, «schön tönender Stein», der untere von dem Zeichen 香, «Duft», gebildet. Denn im Kapitel «Ganying» («Resonanz») des «Huainanzi», einer taoistischen Abhandlung vom Beginn der Han-Zeit im

2. Jahrhundert v. Chr., heißt es, dass, wenn ein Gott in grauer Vorzeit an den schön tönenden Stein schlug, ein Ton ausströmte, der sich immer weiter bis in die weiteste Ferne fortsetzte, ohne je zu vergehen. Das gesamte Ideogramm bestätigt es: Mehr als eine flüchtige Ausdünstung, ist der Duft dauerhafter Gesang.

Fast alle Dichter haben die Blumen gefeiert, viele von ihnen die Rose. Ich könnte Ronsard, Marceline Desbordes-Valmore und vor allem Rilke zitieren. Doch hören wir Claudel, aus dem einfachen Grund, dass ich ihn gerade aus Anlass seines fünfzigsten Todestages lese. Hören wir zunächst diesen Absatz, in dem er – im Lichte des Tao, das heißt des «Weges des offenen Lebens» – über die lebendigen Dinge spricht, die aus der dunklen Erde der Schöpfung wachsen, so wie wir es gerade getan haben, als wir den unwiderstehlichen Wachstumsdrang der Rose beschrieben haben.

«Was ist das Tao? [...] Hinter allen Formen das, was keine Form hat, was ohne Augen sieht, was ohne Wissen lenkt, das Nicht-Wissen, das höchstes Wissen ist. Wäre es falsch, diesen Lebenssaft, diese geheime Würze der Dinge, diese Freude an der *Ur-sache*, diesen Schauer des Echten, diese Milch, die von der *Quelle* kündet, *Mutter* zu nennen? Ach, wir sind inmitten der Natur wie ein Wurf Frischlinge, der an einem toten Mutterschwein saugt! Was rät uns Laotse anderes, als die Augen zu schließen und den Mund an die Quelle der Schöpfung zu legen?»[7]

Hören wir nun die Passage aus dem «Lobgesang der Rose» im «Singspiel für drei Stimmen»:

«Die Rose. Was ist die Rose? O Rose!

Schwestern! wenn wir ihn atmen, den Wohlgeruch,
der die Götter am Leben erhält,

Entströmt er dann nur dem Blumenherzen, dem leicht
gefugten,

Das, von den Fingern kaum angerührt, sich entblättert
und hinschmilzt,

Wie aus zartestem Fleisch, das sich selbst im eigenen Kuß
Tausendmale umarmt und in sich umschlingt?

Ach, glaubt es mir, das ist nicht die Rose! es ist ihr Duft, der,
Eine Sekunde geatmet, das Ewige ist!

So duftet nimmer die Blume! so duftet die Sache selbst,
die Gott in seinem Sommer schuf!

Keine Rose! sondern jenes vollendete Wort mit seiner
unaussprechlichen Zirkumferenz,

Worin zu dieser höchsten Stunde Jegliches für einen
Augenblick Dasein gewinnt!

O Paradies in den Finsternissen!

Es ist die Wirklichkeit, die ein Nu für uns aufblüht unter
so zarten Hüllen, und die tiefe Wollust der Seele an all
den Sachen, die Gott erschuf!

Was wäre wohl tödlicher auszuatmen für ein vergängliches
    Geschöpf,
Als die ewige Essenz und, eine Sekunde lang, der uner-
    schöpfliche Duft der Rose?
Doch je mehr eines stirbt, desto inniger holt es sich ein,
Und verhaucht im Duft des Wortes, das es nicht sagen
    kann, und des Geheimnisses, das es bedrängt!
O wie verletzbar mitten im Reigen des Jahrs, wie überhän-
    gend und ausgesetzt ist diese Sekunde der Ewigkeit!»[8]

Claudel situiert die Rose in der Zeit, genauer gesagt, im Augenblick der Ewigkeit. Er legt den Akzent auf den Geruch der Rose, der zugleich vergänglich und «unerschöpflich» ist. Sicher sind dem Dichter wissenschaftliche Erklärungen über den Nutzen des Duftes bekannt. Doch er ist entzückt, dass eine solche Essenz existiert. Er empfindet sie als das unsichtbare Merkmal der Rose, ihr höheres Merkmal, sozusagen ihr seelisches Merkmal. Der Duft ist weder durch die Form noch durch einen endlichen Raum eingegrenzt. Er ist gewissermaßen die Verwandlung der Rose in Schwingungen, in Gesang – in der Sphäre des Unendlichen.

Dabei erinnere ich mich plötzlich an den Satz von Baudelaire: «Glücklich der, der über dem Leben schwebt und mühelos die Sprache der Blumen und der stummen Dinge versteht.»[9] In der Tat ruft der Duft bei dem, der ihn aufzunehmen oder zu vernehmen weiß, ein unsägliches Entzücken hervor; er lebt im Gedächtnis des Aufnehmenden als etwas durch und durch Ätherisches, Wesenhaftes, Dauerhaftes fort. Selbst wenn die Blütenblätter verwelkt und abgefallen sind, besteht der Duft schwebend im Gedächtnis fort; er erinnert daran, dass diese Blütenblätter, vermischt mit Humus, in der Gestalt einer anderen Rose wiedergeboren werden, dass sich die Ordnung des Lebens – vom Sichtbaren zum Unsichtbaren und vom Unsichtbaren zum Sichtbaren – auf dem Weg der universellen Wandlung fortzeugt.

Ich möchte im Anschluss an Claudel, der die Rose als Verkörperung des Augenblicks der Ewigkeit darstellt, diesen Gedanken ausweiten und fragen, in welchem Verhältnis die Schönheit zur Zeit im Allgemeinen und damit implizit auch zum Tod steht. Stellen wir zunächst fest, dass der Gegensatz zur Ordnung des Lebens nicht vom natürlichen Tod gebildet wird; als Naturphänomen ist dieser geradezu ein integraler Bestandteil des Lebens. Damit das Leben Leben ist, welches Wachstum und Erneuerung in sich schließt, ist der Tod ein unvermeidbares, um nicht zu sagen, notwendiges Element. Und im Prozess der Zeit ist es, wie wir schon sagten, die Perspektive des Todes, die alle Augenblicke, jeden einzelnen Augenblick, zu einmaligen macht. Der Tod trägt zur Einmaligkeit des Lebens bei. Von Übel sind lediglich die anormalen, tragischen Umstände sowie der Missbrauch und die Pervertierung des Todes. Letztere vor allem finden außerhalb der Ordnung des Lebens statt; sie können sogar die Ordnung des Lebens zerstören.

Grundsätzlich ist zwischen zwei Todesarten zu unterscheiden, was Laotse, der Gründer des Taoismus, übrigens getan hat. Dieser Denker des Weges – des Voranschreitens der Ordnung des Lebens – erklärt in einem sibyllinischen Satz: «Zu sterben, ohne umzukommen, bedeutet langes Leben.»[10] In der Umgangssprache bedeuten beide Zeichen – *si*, «sterben», und *wang*, «umkommen» – «aufhören zu leben». Aus der Sicht Laotses nimmt das Zeichen *si* den Sinn von «sich wieder in den Weg einfügen» an.

Was heißt «langes Leben»? Es ist unleugbar, dass der menschliche Geist von der Ewigkeit träumt. Selbstverständlich strebt er nach einer Ewigkeit in Schönheit und nicht nach einer Ewigkeit im Unglück. Dabei weiß er jedoch, dass jede Schönheit zerbrechlich, also vergänglich ist. Ist das kein Widerspruch? Die Antwort hängt vielleicht davon ab, wie man sich die Ewigkeit vorstellt. Sollte sie bloß eine fade Wiederkehr des Gleichen sein? In diesem Fall würde es sich weder um die wahre Schönheit noch um das wahre Leben handeln. Denn – es sei wiederholt – die wahre Schönheit ist Elan des Seins hin zur Schönheit und Erneuerung dieses Elans; das wahre Leben ist Elan des Seins hin zum Leben und Erneuerung dieses Elans. Eine gut zu nennende Ewigkeit kann nur aus herausragenden Augenblicken bestehen, in denen das Leben hervorbricht – hin zur vollen Macht seiner ekstatischen Entfaltung.

Wenn das stimmt, dann scheinen wir einen Zipfel von dieser Ewigkeit zu erfassen, denn unsere menschliche Dauer ist von derselben Art. Besteht sie nicht ebenfalls aus herausragenden Augenblicken, in denen das Leben zum Offenen hindrängt? In diesem Fall gehören wir schon zur Ewigkeit, sind wir in der Ewigkeit! Manch einer mag diese Sicht vielleicht für zu rührend-naiv halten. Behalten wir sie also den naiven Seelen vor!

Worauf es uns hier ankommt, ist die menschliche Dauer. Wir benutzen absichtlich den Begriff «Dauer» anstelle des Wortes «Zeit». Während die Zeit einen mechanischen Ablauf meint, eine unerbittliche Folge von Verlust und Vergessen, spielt Dauer auf eine qualitative Kontinuität an, in der die gelebten und die geträumten Dinge eine organische Gegenwart bilden. Den Begriff der Dauer übernehme ich natürlich von Bergson. Versuchen wir, die Gedanken des Philosophen zusammenzufassen, indem wir sie – auf die Gefahr hin, sie zu entstellen – aufs Stärkste vereinfachen:

Wenn jeder in der Außenwelt dem tyrannischen Ablauf der Zeit unterworfen ist, dann bilden die Erlebnisse, die Vorstellungen und Phantasien, aber auch die Elemente, die zu seinem Wissen gehören, dank des Gedächtnisses in seinem inneren Bewusstsein eine organische Dauer, welche die Einschnitte, Brüche, Trennungen in Zeit und Raum sozusagen transzendiert. Die Komponenten dieser Dauer verbleiben in einer «Gleichzeitigkeit», wobei sie sich über die Chronologie hinwegsetzen und immer auf eine Gegenwart zulaufen. Eine Gegenwart, die sich de facto immer auf eine Vergangenheit und eine Zukunft hin öffnet. Ähnlich wie eine Melodie, die nicht aus einer einfachen Addition von Noten besteht, sondern in der jede Note sich aus der vorhergehenden ergibt und der folgenden ihre Färbung verleiht. Auch bewirkt die Dauer innerhalb ihrer selbst, dass sich jede Komponente von den anderen Komponenten prägen lässt und ihrerseits den anderen ihren Stempel aufdrückt.

Kehren wir zum Thema der Schönheit zurück; wir können jetzt sagen, dass – in der Dauer, die einem Bewusstsein innewohnt – Schönheit Schönheit anzieht, und zwar in dem Sinne, dass eine Erfahrung der Schönheit andere Erfahrungen der Schönheit, die zuvor gemacht wurden, wachruft und zugleich nach zukünftigen Erfahrungen der Schönheit ruft. Je intensiver die Erfahrung der

Schönheit ist, desto stärker erzeugt ihre schmerzliche Kürze den Wunsch, die Erfahrung zu wiederholen – zwangsläufig in einer anderen Form, denn jede Erfahrung ist einmalig. Mit anderen Worten, im Bewusstsein gehen Nostalgie und Hoffnung ineinander über; jede Erfahrung der Schönheit ruft ein verlorenes Paradies wach und ruft nach einem versprochenen Paradies.

So ist wahrscheinlich der Vers des Dichters John Keats zu verstehen: «A thing of beauty is a joy for ever» («Schönheit ist Freude ewiglich»).[11] Dass Schönheit ein bleibendes Geschenk sein kann, dessen wird man sich bewusst, wenn man sich daran erinnert, dass sie ein vom Ursprung an gehaltenes Versprechen ist. Aus diesem Grund beschränkt sich der Drang nach Schönheit nicht auf ein schönes Objekt; aller Drang strebt vielmehr danach, in den ursprünglichen Drang nach Schönheit einzugehen, der das Entstehen des Universums und das Abenteuer des Lebens bestimmt hat. Jede Erfahrung der Schönheit – so kurz und die Zeit doch transzendierend – führt uns jedes Mal zurück zu der Frische des Morgens der Welt.

Dritte Meditation

Bis jetzt haben wir vor allem von der Schönheit der Natur gesprochen. Ich habe absichtlich die Schönheit beiseite gelassen, die mit dem Menschen zu tun hat. Nicht, dass das Menschliche nicht zur Natur gehören würde, doch beim Menschen stellt sich das Problem viel komplexer dar. Stark schematisierend möchte ich sagen, dass diese Komplexität in meinen Augen vor allem daher rührt, dass es im Menschen vielfältige Ebenen gibt und dass der Mensch aufgrund eines gewissen Grades an Intelligenz und Freiheit außerdem in der Lage ist, die Schönheit sophistisch und pervers zu missbrauchen. Seiner Sterblichkeit bewusst und von dem raschen Entschwinden der Zeit bedrängt, ist er oft jenes grausame Tier, das mit allen Mitteln versucht, seine unmittelbarsten Instinkte zu befriedigen.

Unter den vielfältigen Ebenen, die den Menschen ausmachen, sind wenigstens zwei für jeden erkennbar: die physische und die mentale. An dieser, die vom Geist regiert wird, haben Unbewusstes und Bewusstes, Einbildungskraft und Verstand, Psychisches und das, was man als spirituell bezeichnen kann, ihren Anteil. Zweifellos ist der spirituelle Anteil am umstrittensten; er kann als eigene Ebene aufgefasst werden. Wenn man sich auf ihn bezieht, spricht man auch von Seele. Es spielen bei der menschlichen Verfassung derart zahlreiche Elemente und Wechselwirkungen mit, dass in unseren Gedanken über die Schönheit ein großes Durcheinander herrscht. Der Versuch, die wahren Schönheiten von den falschen zu unterscheiden und Kriterien zu formulieren, mit denen sich die wahren Werte bestimmen lassen, ist keineswegs einfach.

Fassen wir die Gedanken, die wir bisher formuliert haben, zusammen: Die Schönheit, um die es uns geht, hat mit dem *Sein* zu tun, sie entspringt dem Inneren des Seins als Elan hin zur Schönheit, zur Fülle des Seins als Anwesenheit im Sinn des offenen Lebens. Wir begeben uns also ganz entschieden jenseits aller «Schönheit der Erscheinung», die bloß auf der Verbindung äußerlicher Züge beruht oder ausschließlich aus kunstvollem Arrangement besteht, einer Schönheit, die man instrumentalisieren kann, um andere zu täuschen, zu umwerben oder zu beherrschen. Diese «Schönheit», die zum Bereich des Habens gehört, ist allerdings in den Konsumgesellschaften allgegenwärtig. An sich lässt sich ihre Existenz rechtfertigen; aber ihr Missbrauch entstellt sie. Letztlich kann man sagen, dass eine künstliche, zum

Tauschwert oder Verführungsmittel degradierte Schönheit niemals an die Liebe und den Einklang heranreicht, die schließlich den Daseinsgrund der Schönheit ausmachen sollten. Sie bedeutet im Gegenteil immer Täuschung, Zerstörung und Tod. Die «Hässlichkeit der Seele», von der sie unterhöhlt wird, nimmt ihr jede Möglichkeit, einen Zugang zum offenen Leben zu finden.

Hier wird nun eine kritische Stimme laut, eine kritische, doch höchst notwendige und konstruktive Stimme; sie zwingt mich, meine Position und mein Vorgehen zu präzisieren. Diese kritische Stimme sagt mir im Wesentlichen folgendes: «Du sprichst von einer Schönheit, die aus Schein oder Arrangement besteht, doch in der Natur ist jede Schönheit Trug. Wenn eine bestimmte Blume ihre Blütenblätter entfaltet und ihren Duft ausströmt, so tut sie das, um die Insekten, die sie verschlingt, anzuziehen. Wenn der Schmetterling bunte Flügel hat, so, um sich zu tarnen oder sexuell anziehend zu sein. Wenn der Pfau ein Rad schlägt, so, um das Weibchen anzulocken!»

Darauf antworte ich: Diese Schönheiten «aus Interesse» zeigen zumindest, dass die Schönheit die Fähigkeit hat, Drang und Verlangen auszulösen. Was nun die Schönheiten betrifft, die ich erwähnt habe, um die Schönheit der Natur zu veranschaulichen, so sind sie uneigennützig: der in Nebel gehüllte hohe Berg, die Quelle, die entspringt und dann breiter und schließlich zu einem Fluss wird...

Die kritische Stimme unterbricht mich: «Der Berg, den du so sehr geliebt hast, war ursprünglich nichts anderes als eine Unebenheit im Gelände, hervorgerufen durch eine Erschütterung der Erde. Der Himalaya, von dem du sagst, er flöße eine heilige Ehrfurcht ein, ist das Ergebnis eines gewaltigen Zusammenstoßes sich verschiebender Kontinente.»

Meine Antwort auf diese Aussage wird – auf die Gefahr hin, schwerfällig zu wirken – ausführlicher sein: «Ich sehe die Dinge anders. Als guter Chinese glaube ich an den Atem – den Atem inbegriffen, der die Bewegungen der Erde beseelt. Und ich bin dem Atem der Erdbewegungen dafür dankbar, dass er den guten Einfall hatte, die Oberfläche der Erde nicht glatt und platt wie ein Brett zu lassen. Das wäre entsetzlich monoton und langweilig gewesen, entsetzlich ‹platt›, wie man so treffend sagt. Ich bin ihm also dafür dankbar, dass er das wunderbare Ding ‹Berg› hervorgerufen hat – den Berg, der das Leben zur Höhe bringt und auf dem sich der Atem der Erde und der Atem des Himmels besser vermischen können. Aus dem Inneren des Berges entspringt die Quelle, sie fließt hinab, wird breiter und bildet einen Fluss. Berg und Fluss verkörpern dann besser als alles andere die beiden Lebensprinzipien yang und yin. Der Fluss fließt, macht die Ebenen fruchtbar; er symbolisiert auch das Fließen der Zeit, das scheinbar in gerader Linie und ohne Wiederkehr verläuft. Aber nein, die Zeit ist zirkulär und nicht linear: Das Wasser des Flusses verdunstet nach und nach beim Fließen; der Dunst steigt auf, wird zu Wolken und fällt als Regen auf den Berg nieder, um wiederum den Fluss an seiner Quelle zu nähren. Über dem ‹erdnah-nüchternen› Fließen in einer Richtung wirkt also eine kreisförmige Bewegung zwischen Erde und Himmel. Der Berg schickt seinen Ruf hinaus zum Meer, das Meer antwortet dem Berg – in diesem Lebensgesetz liegt Schönheit …»

Wieder unterbricht die kritische Stimme meinen lyrischen Überschwang: «All dies ist schön und gut, doch es handelt sich dabei um eine nachträgliche Konstruktion des menschlichen Geistes.» Geben wir auf diese Bemerkung fürs Erste folgende provisorische Antwort: Unsere Aufgabe kann sich nicht darauf beschränken, nur – wie die Wissenschaft – zu erklären, wie die Materie funktioniert. Wir sind da, um zu leben, und streben dabei einem immer höheren, offeneren Leben entgegen. Der Mensch ist nicht dieses Wesen außerhalb von allem, das seine Sandburg auf einem verlassenen Strand baut. Er ist aus dem Abenteuer des Lebens hervorgegangen; sein Vermögen, dem Geist zuzustreben, seine Fähigkeit zu denken und Gedanken zu entwickeln, gehören zum Abenteuer des Lebens. Obwohl wir inmitten des Universums vollkommen verloren zu sein scheinen, können wir vermuten, dass wir das wache Bewusstsein und das lebendige Herz der Materie sind. Das Universum denkt in uns, in dem Maße, in dem wir an es denken; wir können der Blick und das Wort des lebendigen Universums sein, wenigstens aber seine Gesprächspartner.

Ja, das Wort. Nicht nur die Grammatik, die es der Sprache erlaubt zu funktionieren, sondern das lebendige, schöpferische Wort. Es schadet nichts, dass es geistige Perspektiven gibt, vorausgesetzt, sie vergrößern die Chance, dass wir uns auf ein höheres, offeneres Leben zubewegen. Wenn das der Fall ist, greifen wir sie auf! Wenn es nicht der Fall ist, verzichten wir auf sie! Um sie hervorzubringen und ihren Wert zu beurteilen, ist ein gemeinsames Nachforschen und ein Austausch zwischen Individuen von höchster Bedeutung. Aus ebendiesem Grund sind wir hier.

Kommen wir zum Menschen und seinen verschiedenen Ebenen zurück. Zunächst zur physischen Ebene, wo wir feststellen, dass die körperliche Schönheit existiert und dass sie, von Begehren erfüllt, voller Verführungskraft ist. Kein Wunder also, dass sie, da sie blenden oder Gefallen wecken will, einen Anteil von Trug enthält. Doch hier liegen unsere

Anfänge, hierdurch haben wir unseren Sinn für Schönheit erworben und verfeinert und uns zu Kennern und Genießern der Schönheit entwickelt. Über diese grundlegende Ausbildung hinaus haben wir dann unseren Schönheitsbegriff erweitert und auf eine höhere Ebene gehoben. Denn die Schönheit der Form, wie sie sich im menschlichen Körperbau offenbart, über dessen harmonische Gestaltung Augustinus begeistert war, jedoch auch in den Gesetzen, die die Bewegung der Himmelskörper lenken, lässt uns eine fast ethische Schönheit ahnen – ethisch in dem Sinn, dass sie eine bleibende Forderung durchscheinen lässt, ein Versprechen, das niemals enttäuscht. Und diese ethische Perspektive weckt unseren Sinn für andere Formen der Schönheit, die aus dem Geist und aus der Seele kommen.

Doch bleiben wir noch einen Augenblick bei der physischen Schönheit. Dabei denke ich sowohl an die des Mannes als auch an die der Frau. Wenn wir jedoch galant und vor allem wenn wir Chinesen sind, geben wir der weiblichen Schönheit den Vorrang, denn sie ist, wie man sagt, das Wunder der Wunder.

«Wenn wir Chinesen sind», habe ich gesagt. Denn die Chinesen bewundern die Natur und lieben die Metaphern. Die chinesische Dichtung hat in einer ununterbrochenen dreitausendjährigen Praxis die schönen Elemente der Natur buchstäblich in Metaphern verwandelt. In ihnen kristallisiert sich die gesamte Sinnenwelt, alles Sinnliche des lebendigen Universums. Wenn die Frau in den Augen der chinesischen Dichter als Wunder der Natur erscheint, dann deswegen, weil sie in ihr eine Art «Konzentrat» der schönen Elemente der Natur gesehen haben und weil sich zahlreiche Metaphern ganz natürlich auf ihren Körper anwenden lassen. Mond, Stern, Brise, Wolke, Quelle, Welle, Hügel, Tal, Perle, Jade, Blume, Frucht, Nachtigall, Taube, Gazelle, Panther, eine bestimmte Krümmung, ein bestimmter Mäander, eine bestimmte Schwingung, eine bestimmte Vertiefung – alles Zeichen eines grundlosen Geheimnisses.

Die griechische und die römische Kunst haben beide das weibliche Gesicht gefeiert. Doch erst in der Renaissance ist der Drang des Okzidents, die Frau in ihrem körperlichen Glanz zu zeigen, buchstäblich explodiert: Botticelli, Lippi, Tizian, Raphael, da Vinci …

Nehmen wir als Beispiel die Mona Lisa, die auf der ganzen Erde bewundert wird. Doch machen wir vorher noch einen kleinen Exkurs und erwähnen wir eine entscheidende Phase in der langen Entwicklung des menschlichen Körpers. Man kann nur feststellen: Zwischen der Gioconda und der Frau der Höhlenmenschen gibt es so etwas wie einen «qualitativen Sprung». Und doch war das Versprechen der menschlichen Schönheit schon in der Frau der Höhlenmenschen gegenwärtig. Denn der Auftakt zu der im strengen Sinne menschlichen Existenz war der Akt sich aufzurichten. Die aufrechte Haltung hat eine dreifache Befreiung nach sich gezogen. Sie hat die Hände befreit – das ermöglichte den *Homo faber*. Sie hat die Glottis und die Stimmbänder befreit – das führte zum sprechenden Menschen und befähigte die menschliche Stimme, das magische Instrument des Wortes und des Gesanges zu werden.

Und schließlich hat sie das Gesicht befreit; statt wie das Tier ein am Boden nach vorn gestrecktes Maul zu haben, das auf der Suche nach Nahrung von einer Spur zur anderen läuft, ist das Gesicht Teil eines Kopfes, der in stiller Würde auf den Schultern ruht. Dieses Gesicht kann seinen Blick mit souveräner Leichtigkeit in die Höhe und in die Ferne richten, den Mitmenschen zulächeln oder Gefühle und Emotionen zeigen, die tief aus dem Inneren kommen, die zu Gipfelhöhen aufsteigen und die dem Gesicht schließlich ihren Stempel aufdrücken.

Wir wagen zu behaupten: Wenn jedes hasserfüllte Gesicht hässlich ist, ist jedes Güte ausdrückende Gesicht schön. Das Gesicht ist der einmalige Schatz, den jeder der Welt darbietet. Vom Gesicht gilt es, in Begriffen von Opfergabe oder Öffnung zu sprechen. Denn das Geheimnis und die Schönheit des Gesichtes kann letztlich nur durch die Blicke anderer oder durch ein andersartiges Licht verstanden und erschlossen werden. In diesem Zusammenhang ist es angebracht, das schöne französische Wort «visage» zu bewundern. Es legt den Gedanken an eine sich frei ausbreitende Landschaft nahe und – zusammen mit diesem Sich-Ausbreiten – an ein «Vis-à-vis», ein Gegenüber.

Kommen wir zu Mona Lisa zurück. Ihre Schönheit beruht nicht nur auf der Anordnung ihrer äußeren Züge, sie erglänzt vielmehr durch einen Blick und ein Lächeln, ein rätselhaftes Lächeln, das etwas sagen zu wollen scheint. Wie gern würde man ihre Stimme hören! Die Stimme selbst und was die Stimme sagt, gehört zu der Schönheit einer Frau. Durch die Stimme drückt die Frau ihre Empfindungen aus, aber auch ihre Sehnsüchte, ihre Träume und das, was unaussprechlich ist und sich dennoch mitteilen will. Der Drang zu sprechen verschmilzt mit dem Drang zur Schönheit; der Drang zu sprechen erhöht den Charme der Schönheit. Es springt nun ins Auge, was evident ist: Die Schönheit der Frau ist nicht nur das Ergebnis einer physiologischen Entwicklung, sie ist eine Errungenschaft des Geistes. Und diese Errungenschaft zeigt uns, dass die wahre Schönheit Bewusstsein von der Schönheit und Elan hin zur Schönheit ist, dass sie Liebe weckt und unsere Auffassung von der Liebe bereichert.

Der Geist lenkt das Vermögen des Menschen zu urteilen und zu verstehen, aber auch das, was es an Einbildungskraft und Triebhaftigkeit in ihm gibt. Vom Geist gehen wir unmittelbar zur Seele über, um festzustellen, dass im Zusammenhang mit der Schönheit und der Liebe die Idee der Seele die abendländische Imagination wie ein goldener Faden durchzieht, angefangen bei Sokrates und Platon, über Plotin und den heiligen Augustinus, bis hin zu den klassischen und romantischen Dichtern.

Lesen wir, was der heilige Augustinus sagt. Nachdem er das wunderbare Gleichgewicht, das der menschliche Körper darstellt, gepriesen hat, schreibt er: «Der Mensch besteht aus einer Seele und einem Körper und bewegt die abhängige sichtbare Substanz mit Hilfe der höheren unsichtbaren; eine natürliche Autorität, nämlich die herrschende Seele, und ein natürlicher Dienstbote, nämlich das untertänige Fleisch, zeigen die Schönheit einer hervorragenden Ordnung. Und dann: dass innerhalb der Seele die Vernunft aufgrund der Vortrefflichkeit ihrer Natur das größte Gewicht hat und all ihren anderen Teilen voransteht – was anderes als diese Ordnung sollte einleuchten? Denn niemand ist seinen Begierden so hingegeben, dass er mit der Antwort zögern würde, wenn man ihn fragte, was besser sei: dass die Seele von blinder Begierde getrieben oder von der Vernunft und Überlegung gelenkt wird. So wird jeder, der ohne Bedacht und Vernunft lebt, trotz allem auf die Frage die beste Antwort geben, und selbst wenn er nicht gut handelt, so wird er doch durch die Frage ermahnt. Selbst bei einem Menschen mit lasterhaftem Lebenswandel verstummt daher die Stimme der Ordnung nicht, da ja die Natur das Laster anklagt.» [12]

Nun möchte ich Michelangelo zitieren. In einem Sonett, das sich an den geliebten Menschen wendet, sagt er im Wesentlichen folgendes: «Ich muß in dir den Teil lieben, den du selbst liebst, deine Seele. Um mich in deine Seele zu verlieben, muß ich nicht nur aus meinem Körper schöpfen, sondern aus meiner Seele.» [13] Die Seele nimmt sich des Körpers an, ohne vom Körper behindert zu werden, und die Seele verliebt sich in die Seele. Zu ihrem ureigenen Wesen gehört die Fähigkeit, sich mit allem zu verbinden; ihre Dimension ist das Unendliche. Nur von Seele zu Seele und nicht von Körper zu Körper kann ein vollständiger Einklang stattfinden. Es sieht ganz so aus, als wolle uns die materielle Welt zur Schönheit heranführen und uns mit ihr vertraut machen, indem sie uns zeigt, dass sie *existiert*; und uns im Übrigen darauf aufmerksam machen, dass sie Verbreitung finden und verwandelt werden kann und dass über die Schönheit der Form hinaus andere Harmonien, andere Schwingungen, andere Verwandlungen möglich sind.

Im Lichte der Seele erscheint es uns gut, für einen Augenblick zu Mona Lisa zurückzukehren, zu ihrem Blick und ihrem Lächeln. Der Blick ist wirklich etwas Geheimnisvolles. Woher kommt die Schönheit eines Blicks? Hängt sie nur mit der physischen Gestalt der Augen zusammen: den Lidern, den Wimpern, der Farbe der Iris und so weiter? Die physische Schönheit der Augen kann gewiss dazu beitragen, denn sie kann in dem Menschen, der ihrer teilhaftig wurde, den Sinn für die Schönheit wecken. Doch die wahre Schönheit ist, wie wir sagten, das Bewusstsein von der Schönheit und der Elan hin zur Schönheit. Aus ebendiesem Grunde ist der Blick mehr als die Augen. Drücken nicht alle Sprachen den Gedanken aus, dass die Augen «das Fenster der Seele» sind? Die Schönheit des Blicks kommt von einem Licht, das der Tiefe des Seins entspringt. Sie kann auch von einem Licht herrühren, das von außen kommt und sie erleuchtet, besonders, wenn der Blick für einen Augenblick auf etwas Schönes fällt oder wenn er der Schönheit eines anderen Blicks begegnet.

Jeder hat schon einmal das bewegende Erlebnis gehabt, dass während eines vorzüglichen Schauspiels oder Konzerts alle Gesichter wie verklärt erschienen; es bezeugt, dass Schönheit Schönheit anzieht, Schönheit steigert und Schönheit erhöht, und es entspricht dem, was der heilige Augustinus sagt:

In seinen Augen entsteht Schönheit aus dem Zusammentreffen des Inneren eines Wesens mit der Herrlichkeit des Kosmos, die für ihn das Zeichen der Glorie Gottes ist. Dieses Zusammentreffen hebt gewissermaßen die Trennung von Innen und Außen auf.

Wenn die Schönheit der Welt eine Landschaft bildet, so ist die Seele eines Lebewesens ebenfalls eine Landschaft; Verlaine drückt das mit dem Vers aus: «Deine Seele ist eine auserlesene Landschaft...»[14] und die chinesische Ästhetik mit dem Begriff «Gefühl-Landschaft». Die Landschaft der Seele besteht aus Sehnsüchten und Träumen, aus Schrecken und Bestrebungen, aus gelebten und erahnten Szenen.

Wenden wir unsere Aufmerksamkeit ein drittes Mal der Mona Lisa zu. Gibt es vielleicht einen Schlüssel, mit dem sich das Rätsel ihres Blickes lösen lässt? Vielleicht liegt er in der zugleich fernen und nahen nebligen Landschaft, die sich hinter ihr abzeichnet. Wir wollen hier France Quéré hören:

«In den Formen der Felsen und Seen offenbart sich die seltsame Gestalt einer Innenwelt. [...] Auf der Höhe der Schultern [von Mona Lisa] beginnt eine ockerfarbige hügelige Landschaft mit verwitterten Felsformationen. Links läuft der Pfad auf die grauen Gewässer eines Sees zu, die von den Schatten überhängender Felsen durchzogen sind. Felsbrocken schieben sich übereinander, Mähnen, scheue Pferdehälse, unförmige Mäuler, die ihren versteinerten Zorn über dem Wellengang austoben. Eine prähistorische Gewalt stellt sich dem Blick entgegen … Rechts, dort, wo die Lippen der jungen Frau lächeln, folgt der Pfad dem schlammigen Lauf des Flusses, schlängelt sich von Stufe zu Stufe durch das Geröll und gelangt schließlich an den Rand eines zweiten Sees, oberhalb des ersten … Es ist eine andere, immaterielle Welt, unendlich gesammelt, auf die das Lächeln und die Bewegung der Augen hindeuten. Auf dem oberen See schillern nur wenige Lichter. Doch der Unsegen der Finsternis und der Hindernisse ist besiegt. Weitere Felsen erheben sich, sie verfinstern und verschließen nichts mehr. Ihr Schatten bildet eine Kontur, lässt eine Transparenz ahnen, beeinträchtigt den Spiegel des Gewässers nicht … Zwischen den beiden geläuterten Ufern öffnet sich eine Lücke, in der das Gold des Wassers und des Lichts verschmelzen, um ins Unendliche zu entschwinden. Nimmt ein Gott den Reisenden auf? Ist es die Freude eines Geistes, der den Gipfel seiner Meditation erreicht hat? […] Die wiedergefundene Kindheit, verschönert durch die Ferne der Erinnerung? […] Ein menschlicher Traum beginnt dort, auf der Höhe der Augen und der reinen Stirn. Seine Anfänge sind noch schöner als die Hügel von Florenz in den ersten Lichtstrahlen des Morgens.»[15]

Der verwandelte Blick der Mona Lisa sagt uns, dass eine wahrhaft Fleisch gewordene Schönheit niemals die Schönheit einer bloßen Gestalt ist. Sie ist Verklärung durch die Gnade des Zusammentreffens eines inneren Lichtes mit einem anderen Licht, das von jeher gegeben, wenn auch oft verdunkelt ist. Verklärung ist als etwas zu verstehen, das sich von innen her verwandelt, und auch als etwas, das im Raum zwischen dem Endlichen und dem Unendlichen, zwischen dem Sichtbaren und dem Unsichtbaren durchscheint.

Haben wir damit alles gesagt? Eine Stimme flüstert uns ins Ohr, dass die Seele ein Problem darstellt, leugnen doch etliche Menschen schlicht und einfach ihre Existenz. Eine Definition der Seele, wie sie Jacques de Bourbon Busset vorschlägt, könnte vielleicht fast alle zufrieden stellen. Er benutzt ein Bild aus der Musik: Die Seele sei der «Generalbass» jedes Wesens, die rhythmische Musik – fast im Gleichklang mit dem Herzschlag –, die jeder von Geburt in sich trägt. Sie liegt tiefer, auf einer intimeren Ebene als das Bewusstsein; manchmal klingt sie gedämpft, manchmal erstickt, sie bricht jedoch niemals ab; in Augenblicken, in denen man gerührt oder hellwach ist, lässt sie sich deutlich vernehmen. Sich vernehmen lassen und widerklingen ist ihre Seinsweise. Widerklingen – das ist das richtige Wort. In sich selbst widerklingen, den «Generalbass» eines anderen, den «Generalbass» des lebendigen Universums widerklingen lassen – das ist ihre Chance, unsterblich zu sein. «Gesang ist Dasein», sagt Rilke.[16] Gibt es für die Seele ein anderes Gesetz als dieses: «Halte den Gesang nicht auf»?[17]

Der Vorrang, den wir der Seele geben, lässt uns an die höfische Liebe denken, wie sie die Troubadoure und etwas später Dante und Petrarca gefeiert haben. Diese fast mystische Erfahrung des Okzidents – vergessen wir nicht, dass es die höfische Liebe auch in der arabischen und der chinesischen Kultur gegeben hat – erscheint einigen modernen Feministinnen suspekt. Sie sehen darin eine «List» der Männer, die die Frau auf ein Piedestal stellten, um sie besser in ein Bild zwängen, «fixieren» und damit beherrschen zu können. Ich glaube nicht an einen solch «machiavellistischen» Geist der Minnesänger und Troubadoure. Ihre Verehrung war nicht konstruiert, sie entsprang einem authentischen, unwiderstehlichen Drang.

Eins verdient jedoch hervorgehoben zu werden. Die Anhänger der höfischen Liebe legen eine solche Glut an den Tag, eine solche tiefe Achtung, dass das, was sie verehren, nicht so sehr die Frau als verletzliches und sterbliches Wesen ist als vielmehr ein aus sehr weiter Ferne kommendes Geschenk, dessen Treuhänderin insbesondere die Frau ist – ein Geschenk der Schönheit, gleichsam eine göttliche Gnade.

Beim Aussprechen dieser Worte «Geschenk» und «Gnade» merke ich, dass es an der Zeit ist, darüber nachzudenken, was Schönheit und Güte miteinander verbindet. Und zwar deswegen, weil ich – aus China stammend – auch von meiner Muttersprache durchdrungen bin. Sie kennt den Ausdruck «tian sheng lizhi», und er bedeutet: «die Schönheit der Frau ist ein Geschenk des Himmels». Im Übrigen wird das Ideogramm *hao*, um das Gute und die Güte zu bezeichnen, graphisch aus dem Zeichen ‹Frau› und dem Zeichen ‹Kind› zusammengesetzt. Vor allem aber sagt die Sprache, um eine Schönheit zu bezeichnen, die sich unserem Blick darbietet, «haokan», und das bedeutet: «Es tut gut, es anzuschauen». Von seiner Sprache erfüllt, neigt ein Chinese instinktiv dazu, Schönheit und Güte zu verbinden. Man kann auch darauf verweisen, dass es im Französischen ebenfalls eine enge phonetische Verbindung zwischen Schönheit («beauté») und Güte («bonté») gibt. Diese beiden Wörter kommen aus dem Lateinischen, von «bellus» und «bonus», die sich aus einer gemeinsamen indoeuropäischen Wurzel ableiten lassen: «dwenos». Ich erinnere auch daran, dass ein und derselbe Begriff, «kalosagathos», im Altgriechischen die Vorstellung von schön («kalos») und gut («agathos») enthält. Vor allem aber möchte ich – im Hinblick auf das Grundverhältnis, das Schönheit und Güte vereint – einen Absatz aus «Denken und schöpferisches Werden» von Henri Bergson zitieren, der durch seine Einfachheit besticht: «So wird derjenige, der mit den Augen des Künstlers das Universum betrachtet, durch die Schönheit hindurch die Anmut und durch die Anmut wieder die Güte durchleuchten sehen.»[18]

Wenn wir bis zu den Ursprüngen von Bergsons Denken zurückgehen wollen, können wir uns noch auf Plotin («Schriften» 38) beziehen, der im Anschluss an Platon drei Stufen des Aufstiegs der Seele zum Guten unterscheidet: Zunächst erkennt die Seele die Schönheit der sinnlich wahrnehmbaren Dinge; sie erhebt sich dann zur Welt der geistigen Formen und sucht nach dem Ursprung ihrer Schönheit; schließlich versucht sie, das Gute zu erreichen, das formlose Schönheit ist – Schönheit über aller Schönheit der Form.[19] Um der Genauigkeit willen fügen wir hinzu, dass die Schönheit in Plotins Augen mit der Liebe verknüpft ist. Diese gehört zur Schönheit und stellt ihren höchsten Zustand dar; denn jenseits aller Formen, die die Schönheit beseelt, drängt es die Liebe zu dem unsichtbaren Licht an der Quelle der sichtbaren Schönheit. In diesem Sinn kann man auch den Satz von Proust verstehen: «Schönheit soll man nicht um ihrer selbst willen lieben, denn sie ist die Frucht des Zusammenspiels zwischen der Liebe zu den Dingen und dem religiösen Denken.»

Ich habe bisher einige große Denker herangezogen. Nach meinem persönlichen Gefühl scheint es offenkundig, dass die Güte schön ist. Stellen wir nur die eine Frage: Kann es eine Geste der Güte geben, die nicht schön ist? Die Antwort liegt sozusagen auf der Hand, denn man sagt: «eine schöne Geste» und im Chinesischen: «eine schöne Tugend».

Stimmt auch das Umgekehrte? Auf den ersten Blick scheint die Sache weniger offenkundig. Schönheit im landläufigen Sinn ist keineswegs notwendig gut; es ist sogar die Rede von der «Schönheit des Teufels». Doch vergessen wir unser grundlegendes Kriterium nicht: Wahre Schönheit geht auf das Sein zurück, das sich auf das offene Leben zu bewegt. Die Schönheit des Teufels beruht dagegen auf Täuschung, sie spielt das Spiel der Zerstörung und des Todes; sie ist die Hässlichkeit schlechthin. Wahre Schönheit geht über die Erscheinung hinaus, wie der folgende Satz Plotins deutlich macht («Schriften», 31): «Es gibt keine wirklichere Schönheit als die Weisheit, die man in jemandem sieht. Man liebt sie ohne Hinsicht auf sein Gesicht, das [im gewöhnlichen Sinn] hässlich sein kann. Man lässt seine ganze äußere Erscheinung beiseite und sucht seine innere Schönheit [die leuchtet].»[20]

Gewiss erreicht nicht jede Schönheit vollkommene Weisheit, doch jede wahre Schönheit geht auf sie zurück und strebt zur höchsten Harmonie. Dies ist ein Begriff von Schönheit, dem seit der Antike alle Weisen beipflichten. Unter Harmonie verstehe ich nicht nur das, was sich in der Anordnung der Züge zeigt, die die Gegenwärtigkeit des Schönen «objektiv» ausmachen. Harmonie bedeutet nach meiner Auffassung vor allem, dass die Gegenwart der Schönheit Harmonie um sich herum verbreitet, Teilhabe und Einklang begünstigt und ein wohltuendes Licht ausstrahlt – und das ist genau die Definition der Güte. Es ist nicht übertrieben zu sagen, dass Güte und Schönheit die beiden Seiten einer einzigen organischen, praktisch wirksamen Entität sind. Was ist dann aber der Unterschied zwischen ihnen? Wagen wir die Formulierung:

Güte bürgt für die Qualität der Schönheit;
Schönheit lässt die Güte leuchten und macht sie
begehrenswert.

Wenn die Authentizität der Schönheit von der Güte verbürgt ist, befinden wir uns im höchsten Zustand der Wahrheit – der Wahrheit, es sei wiederholt, im Sinne des offenen Lebens, die man als etwas anstrebt, das sich aus sich selbst rechtfertigt. Was sich innerhalb der Ordnung des Lebens aus sich selbst rechtfertigt, ist wahrhaftig die Schönheit, die sich zur Freude und zur Freiheit emporschwingt und so der Güte erlaubt, den bloßen Begriff von Pflicht hinter sich zu lassen. Die Schönheit ist der Adel der Güte, das Vergnügen am Guten, die Freude am Guten, das Strahlen des Guten selbst.

Wir müssen jedoch zugeben, dass die Güte heutzutage – aufgrund irgendeiner Verirrung – nicht gewürdigt wird. Man versteht sie kaum und reduziert sie auf etwas, das «gutmütig» oder «seicht» wirkt und daher verlegen macht. Als «Verdammte dieser Erde», beherrscht von Leiden und Schrecken, vom Grau des alltäglichen hässlichen Einerlei und von ständig fehlgeleiteten Wünschen, preisen wir – was die Schönheit angeht – lieber das Perverseste und Aufregendste. Der Pessimismus, ja der Zynismus haben unter diesen Umständen leichtes Spiel, denn sie schmeicheln unserem Bedürfnis nach Hohn und Revolte. Doch wir müssen den Mut aufbringen, zur Güte zurückzukehren, zur wahren Güte. Ich denke hier an den ungestümen und scheuen Beethoven. Als er einmal über sein Werk und das künstlerische Schaffen im Allgemeinen sprach, sagte er, bescheiden und hellsichtig: «Der wahre Künstler hat keinen Stolz; […] indes er vielleicht von anderen bewundert wird, trauert er, noch nicht dahin gekommen zu sein, wohin ihm der bessere Genius nur wie eine ferne Sonne vorleuchtet. […] ich kenne keine anderen

Vorzüge des Menschen, als diejenigen, welche ihn zu den besseren Menschen zählen machen; wo ich diese finde, dort ist meine Heimat.»[21]

Die Güte, die die Schönheit nährt, darf nicht mit irgendwelchen gutmütigen, mehr oder weniger naiven Gefühlen gleichgesetzt werden. Sie ist Forderung schlechthin, Forderung nach Gerechtigkeit, Würde, Großmut, Verantwortung, Aufschwung zur spirituellen Leidenschaft. Da das menschliche Leben voll Prüfungen ist, in denen wir uns zu bewähren haben, und vom Bösen zernagt wird, verlangt die Großmut ein immer tiefer gehendes Engagement; damit vertieft sie zugleich auch ihre eigene Natur und erzeugt so unterschiedliche Tugenden wie Sympathie, Empathie, Solidarität, Mitgefühl, Barmherzigkeit. In all diesen Tugenden steckt die Selbst-Hingabe, die die Gabe hat, uns wiederum in Erinnerung zu rufen, dass das Entstehen des Universums und des Lebens eine unermessliche Gabe ist. Diese Gabe, die ihr Versprechen hält und nicht trügt, ist in sich selbst eine Ethik.

Wenn bei jemandem die Hingabe bis zur Hingabe seines Lebens geht, um das Prinzip des Lebens zu erhalten oder andere Leben zu retten, erstrahlt diese Gabe in einer seltsamen Schönheit. Sie stellt den höchsten Sinn für Gerechtigkeit dar, und die Handlung, die aus der Hingabe entspringt, zeugt von einem Mut voll Adel und Größe. Für die Konfuzianer besteht die höchste Tugend darin, «bereit zu sein zu sterben, damit das *ren* (Menschenliebe, Tugend der Menschlichkeit) gerettet wird». Alle großen Religionen teilen dieses Ideal. Man denkt an diejenigen, die im Namen des Friedens oder der Liebe in unterschiedlichem Maße dem Bösen trotzen mussten; man denkt – was auch immer unsere Überzeugung oder unser Glaube sein mag – an Christus, der den Tod am Kreuz freiwillig auf sich nahm, um zu zeigen, dass die absolute Liebe möglich ist und kein Übel ihr etwas anhaben kann. Das war sicher eine der «schönsten Gesten», die die Menschheit je erlebt hat.

Man denkt auch – in anderer Hinsicht – an all die Unschuldigen, die schrecklichen seelischen und physischen Prüfungen ausgesetzt sind; wenn sie jedoch trotz Schmerzen und Leiden den Funken des Lichts bewahren, der aus der menschlichen Seele quillt, ergreift uns das Leuchten voller Schönheit, das auf den abgezehrten und verlassenen Gesichtern durchscheint. Ja, die Schönheit wird es nie erlauben, dass wir die Tragik unseres Daseins vergessen. Es gibt eine dem Menschen eigene Schönheit, das Feuer des Geistes, das, wenn es brennt, jenseits des Tragischen brennt.

Nicht alle Menschen müssen derartige Prüfungen bestehen. Doch alle können an der Größe teilhaben, die aus der inneren Würde eines Menschen kommt, der dem Schrecklichen im Namen des Lebens trotzt. Aus diesem Grund zählen wahrscheinlich die Bilder, die die Pietà darstellen, in der abendländischen Kunst zu den größten Meisterwerken. Nehmen wir eines der beeindruckendsten: die Pietà von Avignon aus dem Louvre. Dieses Bild, das Enguerrand Quarton 1455 gemalt hat, ist in Frankreich das erste große Zeugnis der Staffelmalerei. Der Künstler, der sich weder von Schultraditionen noch von technischen Raffinessen einengen lässt, hat die ganze Kraft seiner Seele in dieses Bild gelegt. Es hat die Breite eines Triptychons, ist jedoch aus einem Stück. Der Leichnam des Gekreuzigten liegt quer über das ganze Bild hingestreckt, ein erstarrter und geschundener Körper mit herunterhängenden Beinen; der rechte Arm gleitet leblos weg – an seinem Ende die Hand mit gekrümmten Fingern. Um den Leichnam stehen drei Personen. Auf der linken Seite neigt sich Johannes zu Christi Kopf hin, während seine Hände die im Schädel des Gemarterten steckenden Dornen herauszuziehen suchen – in einer frommen Gebärde, die eine grenzenlose Sohnesliebe ausdrückt. Zu Christi Füßen, rechts, steht Maria Magdalena. Sie neigt sich ebenfalls nach vorn und hält ein Gefäß mit Parfum in der linken Hand. Ihr blutrotes Kleid bedeckt den Leichnam bis zur Körpermitte (wie zurückfließendes Blut). Der Stoff des zurückgeschlagenen Futters, mit dem sie sich die Tränen abwischt, ist gelb; es ist gleichsam ein Echo der goldgelben Strahlen, die von Christi Kopf ausgehen. Von dem blassen Gesicht der Frau sind die immer noch von Leidenschaft fiebernde Wange und die halboffenen Lippen zu sehen; es ist, als ob sie immer noch den Mann rufen, ihm ihre – niemals ausgesprochenen, niemals unterbrochenen – Liebesworte zuflüstern wollte. In der Mitte des Bildes sitzt die Jungfrau Maria. Auf ihren Knien liegt der Leichnam ihres Sohnes. Sie trägt ein nachtschwarzes Kleid, das den bleichen Teint ihres Gesichts noch stärker hervorhebt. Ihre Augen und ihr Mund sind geschlossen. Man glaubt ihren stummen Schmerzensschrei, in den sich Bestürzung mischt, zu hören. Sie sitzt da mit aufrechtem Oberkörper und ist die einzige vertikale Figur des Bildes; die beiden anderen befinden sich in einer horizontalen oder vorgeneigten Position. In dieser aufrechten Haltung scheint sie, inmitten ihres Schmerzes, auf eine Antwort von oben zu warten.

Unser Blick kehrt zu Christi abgezehrtem Körper zurück. Er hält das ganze Bild zusammen, bildet gleichsam dessen Gerüst und paradoxerweise fast seine Kraftlinie. Wir erkennen, dass er die Lebenden zusammenführt und eint, sie in eine Bewegung der Konvergenz und der Teilhabe versetzt. Alle vergießen seinetwegen Tränen der Verzweiflung, doch nun scheint er allein in der Lage zu sein, diese Tränen zu trocknen. Dieser entsetzlich starre und geschundene Körper wird plötzlich zum Ausdruck einer edlen Unnachgiebigkeit, denn er erinnert uns an den entsetzlichen Entschluss, den der Herr über diesen Körper vor seinem Tod fasste – den Entschluss zu beweisen, dass die absolute Liebe existieren und nichts Böses sie beeinträchtigen oder besudeln kann.

Irgendetwas beginnt dann, das ganze Bild zu beleben: Der zarte Hauch einer anderen Ordnung tritt aus den Wunden mit den Spuren getrockneten Blutes. Eine Kraft drängt sich uns auf: Dieser dahingestreckte Körper ist das Ergebnis einer «schönen Geste», die dann alle übrigen Gesten, die von Johannes, von Maria Magdalena und von Maria, hervorgerufen hat. Dieser Körper musste fast zu Nichts gemacht, vollkommen entblößt und von allen Schlacken und aller Schwerkraft gereinigt werden, um wieder zum Trostspender werden zu können. Er allein kann jetzt Trost spenden; das ist sein Triumph über den Tod.

Schönheit als Erlösung – ist das der eigentliche Sinn des Satzes von Dostojewski: «Schönheit wird die Welt erlösen»? Dazu bilden die Sätze eines anderen Zeitgenossen, Romain Gary, gleichsam ein Echo: «Ich glaube nicht, daß es eine des Menschen würdige Ethik gibt, die etwas anderes als eine Ästhetik des Lebens ist – bis hin zur Aufopferung des

Lebens.» Und: «Die Welt muß durch Schönheit er-
löst werden: die Schönheit der Geste, der Unschuld,
des Opfers, des Ideals.»

Vierte Meditation

Bis jetzt habe ich persönliche Gedanken geäußert und mich dabei nur hin und wieder auf die Aussagen dieses oder jenes Denkers gestützt. Später werden wir die Frage des künstlerischen Schaffens aufgreifen und über die Möglichkeit nachdenken, Kriterien für seine Bewertung festzulegen. Hierfür werde ich die beiden großen Traditionen des ästhetischen Denkens, die ich mehr oder weniger kenne, die abendländische und die chinesische, systematischer zu Rate ziehen. Zunächst wollen wir aber mit unserer Untersuchung über das Schöne fortfahren, und zwar mit der Hilfe von Repräsentanten verschiedener Kulturen und geistiger Strömungen, die die Schönheit gefeiert haben. Dabei werde ich natürlich vor allem im Okzident und in China meine Bezugspunkte und Meditationsthemen suchen, ohne jedoch den Islam ganz auszuschließen.

Beginnen wir, wie es sich gehört, bei Platon. Im «Symposion» zeigt er, wie Eros, die Liebe, einer dialektischen Bewegung folgt, die vom Sinnlichen zum Intelligiblen aufsteigt: von der körperlichen Liebe, deren Gegenstand die Schönheit des Körpers ist, über die moralische Liebe, deren Gegenstand die Schönheit der Seele ist, bis zur letzten Stufe: der Schau der absoluten Schönheit. In der Folgezeit beziehen sich im Okzident die, die der Schönheit eine Vorrangstellung einräumen, vor allem auf Platon, der versichert, die Schönheit sei das An-das-Licht-Kommen der Ideen oder das Leuchten des Wahren.

Plotin, ein Erbe Platons, hat das Schöne gepriesen, weil sich das Göttliche in ihm offenbare – das Christentum war schon geboren. Zu dieser Denktradition gehören auch der heilige Augustinus, Dante und Petrarca. Das fieberhafte künstlerische Schaffen der Renaissance – ein regelrechtes Hervorbrechen eines lang unterdrückten Dranges – war schon als solches ein Triumph der Schönheit. Im Zeitalter der Klassik wurde das Schöne natürlich in Ehren gehalten, doch es musste der Erfordernis des Wahren genügen. «Nichts ist schön außer dem Wahren», konnte Boileau daher sagen.[22] Die Romantiker versuchten, diese Ordnung umzukehren. Sie drückten ihr Streben nach Schönheit und ihre Überzeugung aus, dass die Wahrheit an die Schönheit gebunden ist, ja, dass die höchste Wahrheit nichts anderes ist als die Schönheit.

Hören wir zuerst Alfred de Musset:

Ja, die Schönheit ist alles. Platon selbst hat es gesagt:
Schönheit ist das Höchste auf Erden.
Um sie sichtbar zu machen, entsteht das Licht.
Nichts ist schön außer dem Wahren, heißt es in einem
*   ehrwürdigen Vers;*
Ich antworte darauf ohne die Befürchtung, gotteslästerlich
*   zu reden:*
Nichts ist wahr außer dem Schönen; nichts ist wahr ohne
*   Schönheit.*[23]

Wie ein Echo darauf klingen die beiden berühmten Verse von John Keats, von dem der Ausspruch stammt, die Erde sei ein Tal, in dem die Seelen wachsen.[24]

Schönheit ist Wahrheit, Wahrheit schön – soviel
Wißt ihr auf Erden, und dies Wissen reicht.[25]

Von den Deutschen hätten wir Schiller oder Novalis zitieren können. Aber halten wir den Satz Hölderlins fest: «[...] doch dichterisch wohnet der Mensch auf dieser Erde.»[26] Der Dichter hat ein unendliches Vertrauen in die Kraft der poetischen Sprache: Dank der poetischen Sprache – davon ist er überzeugt – kann der Mensch die Aufgabe erfüllen, die ihm die Schönheit stellt.

All diese Gedanken bringen eine tiefe Überzeugung und ein intensives Streben zum Ausdruck. Es geht ihnen darum, eine grundlegende Seinsweise zu erfassen. Da es ihnen jedoch an einer vertieften Untersuchung der Frage fehlt, wie sich die wahre Schönheit definieren lässt, bleiben diese Gedanken spekulativ; vergessen wir darüber indessen nicht die theoretischen Leistungen eines Fichte oder eines Schelling – Zeitgenossen jener Dichter –, auf die wir in der nächsten Meditation näher eingehen werden. Kurz nach ihnen und noch bevor Nietzsche den Tod Gottes verkündete, hat Baudelaire – er ist nach unserer Auffassung der Begründer der Moderne – die Angst des entwurzelten, in der Großstadt verlorenen, ständig vom Gedanken an das Hässliche und von der Faszination durch das Böse heimgesuchten Menschen zum Thema seines Werks gemacht.

Wenn wir uns China zuwenden, sehen wir, dass schon die Begründer der beiden bedeutendsten Denkströmungen die Tugend der Schönheit betont haben. Zhuangzi – er lebte im 4. Jahrhundert vor unserer Zeitrechnung und ist einer der «Väter des Taoismus» – weist darauf hin, dass «zwischen Himmel und Erde große Schönheit ist» und dass «die Natur die Macht hat, das Verwelkte und Verfaulte in Wunderwerke zu verwandeln». Der «zhenren», der «wahre Mensch», den er uns nahebringt, ist innerlich geläutert und fähig, mit dem unendlichen Universum in einen unmittelbaren Kontakt zu treten und dabei «shenyou», die «geistige Wanderung», zu vollbringen.

Konfuzius befasst sich mehr mit dem Menschen in der Gesellschaft. Ihm geht es vor allem um das Ethische. Doch um «ren», die «Tugend der Menschlichkeit», zu verwirklichen, empfiehlt er «li», das «Ritual», und «yue», «Musik und Poesie». «Li» ist dem richtigen Umgang förderlich, der angemessenen Distanz sowie der Schönheit der Haltung und der Gesten, «yue» dem Sinn für Maß und Harmonie. Im Übrigen träumt der Meister davon, die Tugenden so anziehend wie das körperliche Begehren zu machen. Hierzu sucht er bei den Naturelementen Unterstützung, die zugleich Verkörperungen der Schönheit und Sinnbilder bestimmter Tugenden sind. Von ihm sind Sätze überliefert wie: «Der Wissende freut sich am Wasser, der Fromme (‹Sittliche›) freut sich am Gebirge», oder: «Wenn das Jahr kalt wird, dann erst merkt man, daß Föhren und Lebensbäume immergrün sind».[27]

Später wird in den Texten und Malereien der Gelehrten der Bambus wegen seiner Geradheit und Erhabenheit gefeiert, der Pflaumenbaum, weil er mitten im Schnee blüht, die Orchidee und der Lotus, weil sie ihren Glanz auch über dem Schmutz rein bewahren. Über diese enge Verbundenheit zwischen Mensch und Welt hinaus, in der das Gute und das Schöne vereint sind, ist auf die Triade des Konfuzius hinzuweisen: Himmel – Erde – Mensch. In dieser Dreiheit bildet der Mensch ein unentbehrliches Kettenglied. Wenn für den Anhänger von Konfuzius der menschliche *Weg* vom Himmel und von der Erde ausgehen muss, so ist es auch für den Himmel und die Erde notwendig, dass der Mensch seinen *Weg* in Würde zurücklegt.

Mag sein, dass die Anhänger des Konfuzius ein zu großes Vertrauen in die menschliche Natur hatten: Sie haben zwar viel in Begriffen von gut und böse argumentiert, doch die grundlegende Frage nach dem radikal Bösen haben sie vernachlässigt. In ihrem Verständnis von den menschlichen Beziehungen legen sie den Akzent sehr stark auf die Pflichten, doch sie vergessen dabei, über das Problem des Rechts nachzudenken – des Rechts, das das Individuum als Subjekt in seiner ganzen Gewissensfreiheit schützt. Trotzdem bleibt das Bemühen der besten Konfuzianer, auf den Ruf der Wahrheit mit der Einheit des Guten und des Schönen zu antworten, eine Haltung, die unsere Aufmerksamkeit verdient.

An dieser Stelle möchte ich auf die drei platonischen Ideen – das Wahre, das Gute, das Schöne –, von denen wir ausgegangen waren, zurückkommen. Ich meine, es ist an der Zeit, sie nicht weiterhin in drei Kategorien zu trennen, sondern sie wieder zu vereinen. Denn das Wahre oder die Wahrheit – so, wie man sie heute versteht – deckt de facto die ganze Wirklichkeit ab. Die Wahrheit betrifft nicht mehr nur die grundlegenden Lebensgesetze, die es dem Leben erlauben, dem Lebensprinzip gemäß harmonisch zu funktionieren; sie bezieht sich auch auf alle Formen der Abweichung und der Perversion, die in unserer Zeit ein ungewöhnliches Ausmaß annehmen und unser Gewissen belasten. Das Problem des radikal Bösen – das imstande ist, die Ordnung des Lebens selbst zu zerstören – ist die entscheidende Klippe bei unserem Versuch, Werte festzulegen. Damit diese Klippe für uns nicht der einzige Horizont ist und uns nicht die Sicht dermaßen verstellt, dass wir gar keinen Zugang mehr haben zu einer umfassenderen Vision vom lebendigen Universum, das durch und durch ein Geschenk ist, sollten wir den Mut haben, das Schöne, das im Guten gründet – so, wie wir es in der letzten Meditation definiert haben –, auf der Werteskala des Wahren an die oberste Stelle zu setzen. An oberster Stelle steht als absoluter Wert also das Schöne, und daraus ergeben sich die Zwischenwerte. Den Begriff «Liebe» benutze ich kaum, weil das Prinzip der Liebe im Prinzip der Schönheit enthalten ist und die Liebe naturgemäß der Schönheit entspringt; diese bringt außerdem zum Ausdruck, was sich durch die Liebe ereignet: Einklang, Feier, Verklärung.

Wir wollen hier sogleich hinzufügen, dass die so

verstandene Schönheit als absoluter Wert keineswegs ein unzugängliches Gestirn an einem idealen Himmel ist. Sie ist dem Menschen zugänglich, jedoch, wie wir bereits erwähnten, jenseits aller Zustände des Genusses und der «wohlmeinenden Gefühle». Es gehört zu ihr, dass man den Schmerz der Welt auf sich nimmt, auf Würde, Mitleid und Gerechtigkeitssinn besteht und ganz und gar offen ist für die universelle Resonanz. Dieser Anspruch und diese Offenheit verlangen von dem, der seine Aufnahmefähigkeit so weit vertiefen will, dass er zur «Schlucht der Welt» wird, sich von einem glühenden Licht verbrennen zu lassen. Einem Licht, das ihn befähigt, allen Plunder, der Körper und Geist verstellt, abzustreifen – unabdingbare Voraussetzung dafür, dass er zu einer wahrhaften Offenheit gelangt.

Der Weg, den ich gerade beschrieben habe, ist in Wirklichkeit nichts anderes als der Weg des «chan» (Zen). Dieser Weg bekräftigt den Wert unserer Existenz hier und jetzt, also den Wert eines luziden Blicks, und verlangt zugleich von jedem Einzelnen, dass er sich ständig aufs Neue entschlossen von allem lossagt, bis hin zu einem Zustand des Nicht-Sehens, ja des Nicht-Seins. Er verlangt, dass man der objektiven Welt ins Auge sieht, d.h. sie nicht so sieht, wie sie erscheint, sondern gleichsam an der Wurzel, so dass das Objekt wahrhaft im Inneren des Subjekts entsteht und wächst und das Ich des Subjekts durch eine Umkehrwirkung am universellen Werden teilnimmt.

Wir stoßen hier auf die drei Stufen des Meisters Qingdeng aus der Song-Zeit: den Berg sehen; den Berg nicht mehr sehen; den Berg wieder sehen. Oder auch die vier Stufen des Meisters Linji aus der Tang-Zeit: das Objekt vor sich haben; das Objekt nicht mehr sehen; sich selbst vergessen; Objekt und Selbst werden gemeinsam (neu) geboren, sind: «co-naissants».

Diese Idee der «co-naissance»,[28] die Claudel auf seine Weise formuliert hat, stimmt mit der Erfahrung eines westlichen Denkers, Henri Maldiney, überein: «Manchmal nehme ich beim Erwachen in dem vagen Licht eines Stück Raumes, in dem alle Zeichen für ein Wiedererkennen verschwunden sind, weder Dinge noch Bilder wahr. Ich bin weder ein Subjekt reiner Eindrücke noch ein gleichgültiger Betrachter von Objekten, die mir gegenüber stehen. Ich bin ‹co-naissant› zusammen mit der Welt, die in sich selbst anbricht und Tag wird meinem eigenen Tag, der nur mit ihr anbricht.»[29]

Dieser Weg des Erwachens, der die schönsten chinesischen Gedichte inspiriert hat, ist eine Grunddisposition, um die Herausforderung der Schönheit, wie wir sie verstehen, anzunehmen; die Elemente, aus denen dieser Weg besteht, sind: Gabe, Aufnahme, Überschreiten der Erscheinung durch das Innesein in der vollen Anwesenheit des Anderen, Offenheit für die universelle Resonanz.

Beim Zen-Buddhismus muss ich unweigerlich an einen anderen Weg denken, an den von Orpheus. Vielleicht erinnere ich mich vor allem deshalb an ihn, weil es im Buddhismus die Legende von Mu Lian gibt, der sich in die Hölle begibt, um seine Mutter zu retten. Bei allen Unterschieden wurzeln die beiden Wege auf einer höheren Ebene in demselben Geist. Auch Orpheus hat begriffen, dass er «sich selbst sterben muss», damit sein Weg die wahre Dimension der Seele erreicht und im Herzen des Doppelten Reichs mitklingt (Dante erlebt sogar im Paradies den Zustand der Blindheit (25. Canto) und des Nicht-Sehens (30. Canto)).

Es sei jedoch wiederholt, dass die beiden Wege nur Grunddispositionen sind. Was die eigentliche Natur der wahren Schönheit angeht, so müssen wir in der Beobachtung ihrer Seinsweise und der komplexen Beziehung, die wir mit ihr unterhalten, noch weiter fortschreiten. Wir richten unseren Blick ein weiteres Mal auf die chinesische Erfahrung, um für unsere Reflexion aus dieser anderen Erfahrung zu schöpfen.

Die chinesische Kultur hat aufgrund ihrer langen Dauer zahlreiche erstarrte Erscheinungen und Elemente mit sich geschleppt, die wir ohne zu zögern

aufgeben können. Ihre besten Erbteile sind eine bestimmte Lebensauffassung und Lebenspraxis und
ebenso eine bestimmte Erfahrung mit der Schönheit, die kein Chinese zu opfern bereit ist, ob er nun
Konfuzianer oder Taoist bleibt oder Buddhist, Mos-
lem oder sogar Marxist wird. Es lohnt sich, darüber
ein wenig nachzudenken.

Die chinesische Kosmologie gründet in der Idee
des *Atems*[30] – zugleich Materie und Geist. Ausgehend von dieser Idee des Atems haben die ersten
Denker eine einheitliche und organische Auffassung
vom lebendigen Universum entworfen, in der alles
miteinander verknüpft ist und zusammenhängt. Der
uranfängliche Atem, der die ursprüngliche Einheit
gewährleistet, beseelt alle Lebewesen und verknüpft
sie in einem gigantischen Netz wechselseitiger
Durchdringung und Erzeugung, das «Tao», Weg,
genannt wird.

Die Natur und der Rhythmus des Atems sind innerhalb dieses Weges dreiheitlich – in dem Sinn,
dass der uranfängliche Atem sich in drei Arten von
Atem teilt, die gleichzeitig wirken: der Atem yin, der
Atem yang und der Atem der mittleren Leere. Der
Atem der mittleren Leere, der sich zwischen dem
yang, der aktiven Kraft, und dem yin, der aufnehmenden Sanftheit, bewegt und seine Macht aus der
ursprünglichen Leere zieht, hat die Gabe, die beiden
anderen Arten des Atems zu einer positiven Inter-

aktion zu bewegen, und zwar im Hinblick auf eine wechselseitige Veränderung, die beiden gut tut.

Unter diesem Gesichtspunkt ist das, was sich *zwi- schen* lebenden Wesen ereignet, ebenso wichtig wie die Wesen selbst. (Diese so alte Intuition stimmt mit dem Denken eines Philosophen des 20. Jahrhun- derts – Martin Buber – überein.) Die Leere hat hier einen positiven Sinn, weil sie mit dem Atem verbun- den ist; die Leere ist der Ort, an dem der Atem zir- kuliert und sich regeneriert. Alle Lebewesen sind von diesen Arten des Atems durchdrungen, wobei jedes Wesen von einem stärkeren Anteil entweder des yin oder des yang geprägt ist. Nennen wir als Beispiel die großen Entitäten, die Paare bilden: Son- ne – Mond, Himmel – Erde, Berg – Wasser, Masku- lin – Feminin usw. In Übereinstimmung mit der tao- istischen Vision ist auch das konfuzianische Denken, wie wir bereits gesehen haben, dreiheitlich. Die Tri- ade Himmel – Erde – Mensch unterstreicht die geis- tige Rolle, die der Mensch inmitten des Kosmos zu spielen hat.

Diese im Atem gründende kosmologische Auffas- sung hat für das Verständnis der Bewegung des Le- bens drei Konsequenzen.

Erste Konsequenz: Aufgrund der dynamischen Na- tur des Tao und vor allem wegen der Wirkung des Atems, der vom Ursprung an den Prozess vom Nicht- Sein zum Sein (oder zum Seienden) unterhält – im

Chinesischen: vom «wu», dem «es gibt nicht», zum «you», «es gibt» –, sind die Bewegung des Lebens und unsere Teilnahme an dieser Bewegung wie am Anfang ein ständiges und wechselseitiges Hervorquellen. Mit anderen Worten, die Bewegung des Lebens wird in jedem Augenblick als ein Sich-Ereignen oder ein «Wiederaufleben» und nicht als einfache Wiederholung des Gleichen wahrgenommen. Um dieses Verständnis zu veranschaulichen, können wir zwei Bräuche als Beispiele nennen, die uralt, aber noch lebendig sind: das «taijiquan» und die Kalligraphie.

Zweite Konsequenz: Die Bewegung des Lebens vollzieht sich in einem Netz ständiger Begegnung und dauernden Austauschs. Man kann in diesem Zusammenhang von einer allgemeinen Interaktion sprechen. Jedes Leben ist – sogar, ohne sich dessen bewusst zu sein – mit den anderen Leben verknüpft; und jedes Leben ist als Mikrokosmos mit dem Makrokosmos, dessen Lauf nichts anderes ist als das Tao, verknüpft.

Dritte Konsequenz: Mitten im Lauf des Tao, der alles andere als die Wiederholung des Gleichen ist, bewirkt die Interaktion Verwandlung. Genauer gesagt: In der Interaktion zwischen yin und yang zieht die mittlere Leere den besten Teil der beiden mit sich und treibt sie zur wechselseitigen Verwandlung, die beiden gut tut. Es sei darauf hingewiesen, dass die mittlere Leere auch in der Zeit wirkt. Wenn der Fluss das Bild der ohne Wiederkehr vergehenden Zeit ist, so erkennt das chinesische Denken, dass das Wasser des Flusses, während es fließt, verdunstet, zum Himmel aufsteigt, um Wolke zu werden, als Regen niedergeht, um wiederum den Fluss an der Quelle mit Wasser zu versorgen. Diese Kreisbewegung – angetrieben von der mittleren Leere – ist die Bewegung der Erneuerung.

Übertragen auf die Ebene, die uns hier beschäftigt, die der Seinsweisen der Schönheit, finden die drei genannten Punkte ihre Entsprechung in folgenden drei Einsichten:

- Schönheit ist immer ein Sich-Ereignen, eine Ankunft, um nicht zu sagen eine Epiphanie, konkreter gesagt, ein «Dort-Erscheinen».
- Schönheit impliziert Begegnung, Interaktion, wechselseitige Durchdringung zwischen den Elementen, die die Schönheit ausmachen, zwischen dem gegenwärtigen Schönen und dem Blick, der es auffasst.
- Wenn sie in die Tiefe geht, entsteht aus dieser Begegnung etwas anderes, eine Offenbarung, eine Verklärung, wie bei einem Bild von Cézanne, das aus der Begegnung des Malers mit der Montagne Sainte-Victoire hervorgegangen ist.

Nicht jeder Mensch ist ein Künstler, doch jeder kann erleben, wie sein eigenes Sein durch die Begegnung mit der Schönheit verwandelt, verklärt wird, denn Schönheit ruft Schönheit hervor, verstärkt und erhöht sie. Auch der Prozess der Schönheit ist dreiheitlich.

«Schönheit ist ein Dort-Erscheinen» – die Formulierung mag überraschen. Ist die Schönheit, wenn sie ist, nicht schon vorhanden, schon gegeben, ganz gleich, ob man sie sieht oder nicht? Warum ist es erforderlich, dass sie erscheint? Die Chinesen wissen sehr wohl, dass es eine «objektive» Schönheit gibt. Doch sie wissen auch, dass die lebendige Schönheit niemals statisch und niemals vollkommen preisgegeben ist. Als vom Atem beseelte Entität gehorcht sie dem Gesetz des «yin xian», des «verhüllt-enthüllt». Ihr Reiz liegt in der Enthüllung, wie bei einem durch Nebel verhüllten Berg oder einem hinter dem Fächer verborgenen Frauengesicht. Jede Schönheit ist einzigartig, und je nach Zeitpunkt und Lichtverhältnissen ist ihre Enthüllung, um nicht zu sagen ihr «Auftauchen», immer unerwartet und unverhofft. Eine Gestalt der Schönheit sollte uns – selbst wenn wir an sie gewöhnt sind – jedes Mal als etwas Neues, als ein Ereignis entgegentreten. Aus diesem Grund erschüttert uns die Schönheit immer. Es gibt Arten der Schönheit, die voll von leuchtender Süße sind und uns plötzlich – durch Finsternis und Leiden hindurch – innerlich aufwühlen; andere Arten von Schönheit kommen aus einem unterirdischen Bereich; sie reißen uns mit sich oder schlagen uns in ihren seltsamen Bann; wieder andere sind reines Funkeln und Leuchten, überwältigen uns, schmettern uns nieder …

Ich habe das Bild des von Nebel verhüllten Berges wachgerufen. Es lässt mich an den Ausdruck «Nebel und Wolke des Berges Lu» denken, der im Chinesischen wahre Schönheit bedeutet, die, wie es sich gehört, geheimnisvoll und «grundlos» ist, ich sagte es bereits. Der Berg Lu, dessen Nebel und Wolken berühmt sind, hat übrigens Tao Yuanming, den großen Dichter des 4. Jahrhunderts, zu zwei berühmten Versen inspiriert.

In seiner ingeniösen Einfachheit hat dieses Distichon die chinesische Art, Schönheit wahrzunehmen, ein für allemal eingefangen:

An den Hecken des Ostens pflück' ich Chrysanthemen,
Da erblick' ich, unbekümmert, den Berg des Südens.

Die Übersetzung gibt leider nur den ersten, unmittelbaren Sinn des Distichons wieder, das eine doppelte Bedeutung hat. Denn das Verb «erblicken» im zweiten Vers heißt «jian». Und dieses Verb bedeutete im Altchinesischen auch «erscheinen», so dass der zweite Vers auch anders gelesen werden kann. Statt «Da erblick' ich, unbekümmert, den Berg des Südens» kann gelesen werden: «Da erscheint, unbekümmert, der Berg des Südens». Es ist bekannt, dass der Berg des Südens – der Berg Lu – den ganzen Glanz seiner Schönheit nur in dem Augenblick offenbart, da plötzlich der Nebel zerreißt. Der Doppelsinn des Verses zeigt uns die Szene: Gegen Abend beugt sich der Dichter nieder, um an den Hecken des Ostens Chrysanthemen zu pflücken; als er den Kopf hebt, erblickt er den Berg; doch wie der Vers es nahelegt, fällt das Erblicken des Berges mit dem Erscheinen des Berges selbst zusammen, der sich aus dem Nebel löst und sich dem Blick darbietet.

Durch einen glücklichen Zufall besitzt das Wort «vue» im Französischen ebenfalls einen doppelten Sinn: die «Sicht» desjenigen, der blickt, und das «Gesehenwerden» des erblickten Dinges. Im vorliegenden Fall begegnen sich die beiden «Sichtweisen», um eine vollkommene Entsprechung, eine wundersame Symbiose zu bilden, und das alles auf selbstverständliche Weise, wie durch Gnade. Der Dichter ist kein Tourist, der ungeduldig auf einen günstigen Augenblick wartet, um den Berg zu photographieren; er weiß: wenn er dem Berg begegnen will, um seine Schönheit zu erleben, ist er auch selbst der erwartete Gesprächspartner.

Wir haben uns gerade einer Vorstellung von Schönheit genähert, die eine Begegnung zwischen einem

Anwesenden, das sich der Sicht darbietet, und einem Blick, der es aufnimmt, impliziert – eine Vorstellung, die dem Begriff des *Chiasmus* verwandt ist, wie ihn Maurice Merleau-Ponty entwickelt hat; ich werde darauf noch zurückkommen. Die vorhin formulierte Frage stellt sich nun auf neue Weise: Was? Es gibt keine objektive Schönheit? Muss ein Blick sie aufnehmen, damit sie existiert? Meine unmittelbare Antwort lautet: Die objektive Schönheit existiert; doch solange sie nicht gesehen wird, ist sie vergeblich. Mit dieser Antwort wollen wir uns jedoch nicht zufriedengeben, sondern versuchen, durch einen Umweg über die chinesische Malerei zu einer tieferdringenden Auffassung zu kommen.

Sie haben sicher schon chinesische Landschaftsbilder bewundert, auf denen sich irgendwo eine winzige Person befindet. Für einen Kunstliebhaber aus dem Okzident, dessen Auge daran gewöhnt ist, sich Werke anzuschauen, auf denen Gegenstände und Personen im Vordergrund dargestellt sind, während die Landschaft in den Hintergrund gerückt ist, erscheint diese Person vollkommen verloren, vom großen Ganzen gleichsam verschluckt. Die Chinesen fassen diese Sache keineswegs so auf. Die Person ist immer höchst sinnvoll in der Landschaft platziert: Sie betrachtet die Landschaft, spielt Zither oder spricht mit einem Freund; wenn man sie länger anschaut, setzt man sich nach einer Weile an ihre

Stelle und merkt, dass sie der Angelpunkt ist, um den die Landschaft sich organisiert und kreist, dass man durch sie hindurch die Landschaft sieht. Mehr, sie ist das wache Auge und das lebendige Herz der Landschaft. Noch einmal: Der Mensch ist nicht das Wesen außerhalb von allem, das seine Sandburg auf einem verlassenen Strand baut. Er ist der empfindsamste, vitalste Teil des lebendigen Universums; ihm flüstert die Natur ihre beständigsten Begierden zu, ihre geheimsten Geheimnisse. So kommt es zu einer Umkehr der Perspektive. Während der Mensch zum Inneren der Landschaft wird, verwandelt diese sich in die innere Landschaft des Menschen.

Jedes chinesische Bild, das nicht im Sinne des Naturalismus, sondern des Spiritualismus gemalt ist, sollte als eine Seelenlandschaft betrachtet werden. Der Mensch knüpft dort seine Bande zur Natur wie ein Subjekt zu einem anderen Subjekt und im Zeichen inniger Vertrautheit. Diese Natur ist keine träge und passive Entität. Wenn der Mensch sie anblickt, blickt auch sie ihn an; wenn der Mensch zu ihr spricht, spricht auch sie zu ihm. Indem er sich an den Berg Jingting erinnert, stellt der Dichter Li Bo fest: «Wir blicken uns an, ohne müde zu werden»; dem antwortet der Maler Shitao wie in einem Echo, wenn er über den Berg Huang sagt: «Unser Beisammensein hat kein Ende.» Seit jeher stehen

Maler und Dichter in China mit der Natur in dieser Beziehung des stillen Einverständnisses und der wechselseitigen Offenbarung. Die Schönheit der Welt ist ein *Ruf*, im konkretesten Sinn des Wortes, und der Mensch, das Sprachwesen, antwortet darauf von ganzer Seele. Es ist, als ob das Universum, wenn es sich denkt, auf den Menschen wartet, um ausgedrückt zu werden.

Ist all dies nur eine träumerische Illusion, eine «östliche» Grille? Gibt der rationalere und skeptischere abendländische Mensch, «Herr über die Natur und ihr Besitzer», dieser «Illusion» nach? Die französischen Ausdrücke «cela me parle» («das spricht mich an»), «cela me regarde» («das betrifft mich», wörtlich: «das schaut mich an») oder «cela ne me dit rien» («das sagt mir nichts») scheinen jenes Bedürfnis nach Austausch der Blicke und der Worte mit der Welt wiederzugeben. Ich denke dabei an den Satz des Malers André Marchant: «An manchen Tagen fühlte ich, dass mich die Bäume anblickten.» Wie sollte man nicht auch an Cézanne denken? An manchen Abenden war er zu Tränen gerührt, wenn er von der Montagne Sainte-Victoire aus dieses «geologische Aufsteigen» aus dem Urgrund heraus fühlte und sah, dass es mit dem Leuchten des Sonnenuntergangs zusammentraf, in dem jeder Stein, jede Pflanze ihn in einer heimatlichen Sprache ansprach.

Wie sollte man nicht auch an Jacques Lacan denken, der als Kind an einem Sommertag auf einer Mole von einer Konservendose fasziniert war, die auf dem Wasser schwamm und in vollem Glanze funkelte. Er hatte den deutlichen Eindruck, dass ihm der Gegenstand ein Zeichen gab und ihn anvisierte.

Im Zusammenhang mit Cézanne habe ich über das Abendlicht gesprochen. Untersuchen wir nun ein wenig genauer, was die Schönheit des Sonnenuntergangs, wie wir sie im Allgemeinen wahrnehmen, ausmacht. Das bietet uns Gelegenheit, den Satz zu überprüfen, wonach jede von uns erfasste wahre Schönheit wechselseitige Durchdringung und Interaktion impliziert, das heißt aktive Begegnung auf mehreren Ebenen. Besteht die Schönheit, um die es hier geht, aus einem einfachen, von der untergehenden Sonne ausgestrahlten Licht? Ein einfaches Licht bringt einen Zustand des Leuchtens hervor, der angenehm sein kann; doch als solches ist es nicht schön. Wenn man sagt, das Licht sei schön, dann deswegen, weil es die Dinge, die es erhellt, erstrahlen lässt: den Himmel blauer, die Bäume grüner, die Blumen schillernder, die Wände goldener, die Gesichter leuchtender. Das Licht ist nur dann schön, wenn es durch irgendetwas verkörpert wird. Durch Kirchenfenster oder durch einen Regenbogen kann man die Schönheit des Lichts am besten bewundern. Dasselbe gilt für den Sonnenuntergang.

Ein Sonnenuntergang findet immer irgendwo statt, am Meer, auf einer Ebene, bei einem Berg. In diesem letzten Beispiel kann man sich leicht die Grundelemente der Landschaft vorstellen: der majestätische Berg – umgeben von Nebenhügeln –, die Felsen, dazwischen die Vegetation, die nah oder fern am Horizont dahinziehenden Wolken, die Vögel, die im aufsteigenden Nebel ihre Kreise ziehen, usw. Dies alles, umflutet vom letzten Licht des Tages, bildet eine bewegende Szene. Die Schönheit des Sonnenuntergangs liegt wahrlich in dem Zusammentreffen dieser Elemente. Ein Zusammentreffen ist mehr als eine Addition. Wie eine Melodie, die keineswegs eine Ansammlung von Tönen ist, sondern aus dem Zusammenklang der Töne entsteht – er suche die Töne, die sich lieben, sagte Mozart –, transzendiert die Szene die Elemente, aus denen sie sich organisch zusammensetzt, und dabei verwandelt sich jedes Element. Und doch ist das erst die Begegnung auf der ersten Ebene.

Auf einer höheren Ebene ereignet sich noch eine andere Begegnung, wenn nämlich diese Szene von einem Blick erfasst wird. Wenn sie kein Blick erfasst, wird die Schönheit nicht erfahren; sie ist «vergeblich», sie kommt nicht zu ihrem vollen Sinn. «Zu seinem Sinn kommen» bedeutet hier, dass das Universum jedes Mal, wenn es zu einem Zustand der Schönheit hinstrebt, eine Aussicht auf Freude bietet oder ein Versprechen der Freude wiederaufleben lässt. Der Blick eines Subjekts, das die von Schönheit erfüllte Szene im gegebenen Augenblick erfasst, zieht eine weitere Begegnung nach sich, die auf einer anderen Ebene spielt, auf der der Erinnerung.

In der Erinnerung, genauer gesagt in ihrer Dauer, verbindet sich jeder gegenwärtige Blick eines Subjekts mit all den vergangenen Blicken, mit denen es der Schönheit begegnet ist; er verbindet sich auch mit den Blicken der Künstler, deren Werke das Subjekt früher vielleicht bewundert hat. Das entspricht der Wahrheit, auf die ich bereits hingewiesen habe: dass Schönheit Schönheit anzieht, steigert und erhöht. Auf dieser Grundlage und von Blick zu Blick übergehend, strebt das Subjekt – wenn die Inspiration zur Stelle ist – vielleicht noch zu einer höchsten Begegnung, die es mit dem uranfänglichen Blick des Universums verbinden würde. Ohne eines Glaubens zu bedürfen, fühlt es vielleicht instinktiv, dass ein Universum, das imstande war, Lebewesen hervorzubringen, die mit einem Blick begabt sind, selbst einen Blick besessen haben muss. Wenn das Universum sich erschaffen hat, so hat es «sich sehen» müssen, wie es schuf, um «sich» schließlich zu sagen: «Das ist schön» oder noch einfacher: «Das ist es!» Wenn dieses «Das ist schön» nicht gesagt worden wäre, hätte der Mensch dann eines Tages sagen können: «Das ist schön»?

Im Lichte dieser wenigen Überlegungen verstehen wir, dass der Blick und der Akt des Blickens fast immer mit der Zeit verknüpft sind, in dem Sinne, dass der von einem Subjekt vollzogene Akt mit einem anderen Bemühen Hand in Hand geht, dem des Wieder-Erkennens, das mit dem Gedächtnis zu tun hat. Mit anderen Worten, was erblickt wird, verweist im Subjekt auf alles, was es in der Vergangenheit oder in der Einbildungskraft erblickt hat – und, noch tiefer gesehen, auf die Erfahrung der Offenbarung seiner selbst, wie sie sich in seinem tiefsten Innern zeitlich vollzieht.

In diesem Zusammenhang möchte ich an eine Bemerkung von Henri Maldiney erinnern, nach der das Substantiv «regard» («Blick») und das Verb «regarder» («(an-)blicken») zwei Wörter sind, um die das Französische von vielen Sprachen beneidet werden kann. Denn die Verbindung von «re» («wieder») und «garder» («bewahren») ist voller Konnotationen. Mehr als das unauffällige Einfangen einer Sicht, eines Bildes, bezeichnet sie die Wiederaufnahme oder die Erneuerung von etwas, das bewahrt wurde und das bei jeder neuen Gelegenheit danach verlangt, als Werden entwickelt zu werden. Es sei hinzugefügt, dass der Blick («regard») außerdem die Idee des «égard» («Rücksicht», «Hinsicht») enthält; er regt das Wesen, das blickt, zu einer tieferen Beteiligung an …

Gibt es eine Quelle des Blicks, die selbst Blick wäre? Selbst ein als so wenig religiös geltendes Volk wie das chinesische fühlt instinktiv – wir wiesen schon darauf hin –, dass das Universum, das imstande war, mit Augen versehene Lebewesen hervorzubringen, selbst von dem Bedürfnis und von der Fähigkeit zu sehen bewegt werden musste. So enthält im Chinesischen das Zeichen 視, das Blick bedeutet, auch den Schlüssel zum Heiligen, zum Göttlichen. Im Übrigen hat sich ein fast banaler Ausdruck in der Einbildungskraft des Volkes festgesetzt: «laotian you yan», «der Himmel hat seine Augen». In diesem Zusammenhang haben wir vorhin feststellen können, dass die gesamte poetische und künstlerische Tradition in China von dieser Grundüberzeugung getragen wurde. Später hat der Buddhismus den Begriff «Auge der Weisheit» oder «drittes Auge» eingeführt. Der Blick, den dieses Auge hervorbringt, entspringt weniger der Weisheit des Subjekts als dem universellen Bewusstsein, das ihm innewohnt, an das es aber nur nach der Erfahrung der Leere heranreichen kann.

Wir können hier auch andere Zeugnisse aus anderen geistigen Strömungen in Anspruch nehmen, die Zeugnisse großer Mystiker, deren Intuition in unseren Augen eine wahrhaftige Form der Erkenntnis ist. Wenn wir uns wieder dem Okzident zuwenden, sehen wir, dass unzählige Menschen über das Thema des Blicks – und darüberhinaus über das Thema des menschlichen Gesichts – in Verbindung mit dem Blick Gottes meditiert haben. Ich will mich darauf beschränken, eine Aussage von Meister Eckhart zu zitieren, die später Hegel sehr interessiert hat: «Das Auge, mit dem ich Gott sehe, ist dasselbe Auge, mit dem Gott mich sieht.»[31]

Aus der Auffassung des großen Mystikers folgt, dass der Mensch die Welt sieht und diese sich so zu sehen gibt, wie Gott sie sieht. Der einzige Unterschied ist: Gott sieht ihre verborgene Quelle und ihren unsichtbaren Teil. Zu diesem Teil hat der Mensch allenfalls durch die Seele Zugang. Wir erinnern daran, dass das Wort «Deus» von «dies» kommt, das «Tag» oder «Tageshelle» bedeutet. So löst das Licht, das die Welt sichtbar macht, beim Menschen immer eine doppelte Wahrnehmung aus: des Lichts, das sehen lässt, und des Lichts, das er sieht. Er sehnt sich danach, sie beide in eins verschmelzen zu sehen.

Viele Tiere haben schöne Augen. Die Augen des Menschen sind in ihrer Unschuld am schönsten, wie Julien Green meint, der in seinen «Tagebüchern» schreibt: «Ich frage mich, ob es im ganzen Universum etwas gibt, das ihnen [den Augen des Menschen] vergleichbar ist – welche Blume, welches

Meer? Hier findet sich vielleicht das Meisterwerk der Schöpfung: im Glanz ihrer ursprünglichen Farben. Das Meer ist nicht tiefer. Aus diesem winzigen Abgrund der Augen leuchtet das Geheimnisvollste der Welt auf: eine Seele – und keine Seele ist einer anderen völlig gleich.»[32]

Im Islam gibt es eine lange Tradition der Meditation über den Blick und die Wahrnehmung. Wir zitieren folgenden Abschnitt des Sufi-Meisters Sultan Valad, Sohn des großen Rumi, in dem sich der Schöpfer an das Geschöpf wendet: «Da euer Blick nicht rein genug ist, um meine Schönheit ohne Vermittlung und ohne Anleitung zu sehen, zeige ich sie euch anhand von Formen und Schleiern. Denn eure Wahrnehmung dessen, was sich nicht qualifizieren lässt, bedarf der Form; ihr könnt nicht sehen, was nicht mit etwas anderem verbunden ist. So ist meine Schönheit mit der Form verbunden, um eurer Sehfähigkeit zu entsprechen. Das Universum ähnelt einem Körper, dessen Kopf sich im Himmel und dessen Füße sich auf der Erde befinden. Wie der menschliche Körper durch die Seele lebt, so ist der Himmel für diesen Körper der Kopf und die Gestirne sind die Sinne. Das Auge, das Ohr, die Zunge – sie leben, sehen, hören, sprechen, fühlen dank der Seele. Das Sehen, die Helligkeit, das Leben, das Wahrnehmungsvermögen: all dies kommt von der Seele. Man wird der Seele mit Hilfe dieses ganzen

Vermögens der Wahrnehmung gewahr. Wenn die Seele den Körper verlässt, bleibt die Schönheit, der Reiz und Glanz nicht in ihm: Es ist deutlich, dass die ganze Schönheit zwar durch den Körper zutage trat, doch zur Seele gehörte.»

Ibn 'Arabi, einer der größten Sufi-Dichter des 13. Jahrhunderts, hat auf seine Weise die Beziehung zwischen dem Blick des Schöpfers und dem des Geschöpfs ausgedrückt. Hören wir aus einem ziemlich langen Gedicht die folgenden vier Verse, die eine subtile Dialektik des Blicks erkennen lassen. Auch hier ist es der Schöpfer, der spricht:

Ich habe in dir die Wahrnehmung geschaffen, damit du das Objekt meiner Wahrnehmung bist.
Durch meinen Blick siehst du mich und sehe ich dich.
Du könntest mich nicht durch dich selbst wahrnehmen.
Wenn du mich jedoch wahrnimmst, nimmst du dich selbst wahr.

Dass der Schöpfer im Geschöpf die Wahrnehmung erschaffen hat, damit es ihn durch seine Werke hindurch sehen kann, scheint evident. Der erste Vers besagt jedoch, dass der Schöpfer die Wahrnehmung im Geschöpf geschaffen hat, damit das Geschöpf in erster Linie Gegenstand seiner Wahrnehmung ist. Hätte der Schöpfer nicht ein Geschöpf ohne Wahrnehmung erschaffen und sich damit zufriedengeben können, dieses Geschöpf sich bewegen zu sehen, so wie man sich mit einem Spielzeug vergnügt? Das wäre keine wirkliche Wahrnehmung gewesen. In der Ordnung der Lebewesen findet wirkliche Wahrnehmung statt, wenn ein Blick einem anderen Blick begegnet – oder durch ihn sieht. Daher braucht der Schöpfer ein Geschöpf, das imstande ist zu sehen, damit er es wahrnehmen kann.

Der zweite Vers sagt es noch genauer: Das Geschöpf sieht den Schöpfer durch dessen Blick. Das Geschöpf begegnet dem Blick des Schöpfers und sieht ihn. Und da – indem er dem Blick des ihn sehenden Geschöpfs begegnet – sieht auch der Schöpfer das Geschöpf. Der dritte Vers bestätigt es: Das Geschöpf kann den Schöpfer nicht durch sich selbst sehen. Der vierte Vers macht deutlich, dass das Geschöpf, wenn es den Schöpfer sieht, sich auch selbst wirklich sehen kann. Was dieser Vers aussagt, kann auch umgekehrt werden: Er besagt dann, dass der Schöpfer, wenn er das Geschöpf sieht, auch sich selbst wirklich sehen kann. Wenn der Schöpfer in diesem langen Gedicht das Geschöpf über das Mysterium des Blicks unterrichtet, so, weil er mit ihm in eine Beziehung der Liebe eintreten will. Er bittet das Geschöpf, sich nicht mit dem eigenen Blick zufriedenzugeben; er fleht es buchstäblich an, seinen Blick mit dem des Schöpfers zu kreuzen. Ich benutze absichtlich den Begriff «anflehen», denn ich denke hier an Phèdre, die Hippolyte buchstäblich anfleht, sie anzublicken. Wir erinnern uns an die Verse von Racine, in denen Phèdre, nachdem sie die Schönheit von Hippolytes Blick gefühlt hat, bedauert, dass dieser Blick sich nicht auf sie richtet.

Für Rumi, den anderen, vielleicht noch leidenschaftlicheren Mystiker des Islam, kommt jede Begegnung mit dem göttlichen Blick einem Liebesakt gleich. In der wechselseitigen Liebe liegt die Gabe beschlossen, den Blickenden und den Angeblickten, das heißt den Liebenden und den Geliebten, vollkommen miteinander zu verschmelzen:

Der, dessen Schönheit so groß ist, dass alle ihn beneiden,
In dieser Nacht ist er gekommen und weinte um mein
*   Herz.*
Er weinte und ich weinte, bis zur Morgendämmerung.
Er sagte: Es ist seltsam, wer von uns beiden ist der
*   Liebende?*

In der Liebe wie in der Schönheit ist jeder wahre Blick einer, den ein anderer Blick kreuzt. Entsprechend definiert Merleau-Ponty die Wahrnehmung durch den Begriff des *Chiasmus*, eben diese Durchdringung von Blickendem und Angeblicktem. Einem isolierten Blick kommt nur schwerlich Schönheit zu. Nur sich kreuzende Blicke können den Funken hervorrufen, der erleuchtet, und im extremen Fall des

Schöpfers und des Geschöpfs erlauben nur sie es dem göttlichen Licht, sich zu offenbaren. Aber wird nicht jedes Geschöpf in einer wahrhaftigen Liebes- und Schönheitserfahrung zur Würde des Schöpfers emporgehoben, wo doch die ausgetauschten Blicke bewirken, dass der eine wie der andere geboren werden, dass sie beide *sind*? Das ist vielleicht der tiefere Sinn des Vierzeilers von Angelus Silesius:

GOtt lebt nicht ohne mich. Ich weiß daß ohne mich
 GOtt nicht ein Nun kan leben
Werd' ich zu nicht Er muß von Noth den Geist
 auffgeben.[33]

Auf der nächsten Stufe geht der Blick über die Faszination durch die Gestalt hinaus und gelangt zum Licht der Seele, die wahre Anwesenheit ist. Dieses von außen empfangene Licht dringt in einen selbst ein, wird inneres Licht, das die Seele des anderen und die eigene in einer hin- und hergehenden Vision sehen lässt – wie bei einem Springbrunnen, in dem sich die Wasserstrahlen kreuzen. In einem solchen Augenblick schließt man die Augen wie beim Gebet oder in der Ekstase.

Ich muss an die Khmer-Köpfe denken, die man im Musée Guimet betrachten kann. Man sieht keine Augen mehr, doch seltsamerweise sieht man ihren Blick, der dem unendlichen Raum des Inneren zugewandt ist. Zu diesem unendlichen inneren Raum eine kurze Bemerkung: Der physische Körper ist ein schrecklich beschränkter Raum. Wenn man jedoch den geistigen Körper, das heißt den vom Atem des Geistes beseelten Körper, annimmt und akzeptiert, ist das Unendliche virtuell vorhanden; allerdings muss dieser geistige Körper erwachen und mit dem Atem, der das lebendige Universum beseelt, in einen Austausch, in einen Zusammenklang treten, denn das Unendliche ist das, was endlos zum offenen Leben hinquillt. Doch den inneren Raum kann man nicht umgehen. Man muss durch ihn hindurch; von dort aus kann alles wieder zu strahlen beginnen.

Die Dimension, um die es geht, ist wahrhaft die der Seele. In der Tiefe des inneren Raumes kann man die Stimme der Seele vernehmen, die Vision der Seele wahrnehmen. Wenn wir einen in Betrachtung versunkenen Khmer-Kopf betrachten, sehen wir, dass wir ein vollkommen in den Blick versunkenes Gesicht vor uns haben, ein Gesicht, das reiner Blick und reines Lächeln wird, ein Gesicht der Vision, in dem sich Sichtbares und Unsichtbares gegenseitig Nahrung geben, in dem die Quelle der Schönheit und die tatsächliche Schönheit verschmelzen. Dem Inneren zugewandt und dann nach außen gerichtet, kann dieses Gesicht ein andersartiges Licht ausstrahlen, das der Verklärung.

Fünfte Meditation

Bis zu Beginn des 20. Jahrhunderts stand das künstlerische Schaffen im Zeichen des Schönen. Der Kanon des Schönen wandelte sich je nach Epoche, das Ziel der Kunst blieb jedoch das gleiche: die Schönheit zu feiern und zu offenbaren, Schönes zu schaffen. Schon gegen Ende des 19. und dann während des gesamten 20. Jahrhunderts kamen mehrere Faktoren zusammen, um die Situation zu verändern: die Hässlichkeit der großen Städte – ein Ergebnis der rasenden Industrialisierung –, das Bewusstsein von einer «Modernität», die auf dem Gedanken vom «Tod Gottes» beruhte, der Zusammenbruch des Humanismus, den die aufeinanderfolgenden weltweiten tragischen Ereignisse hervorriefen. All diese Dinge haben die traditionelle Auffassung von Kunst durcheinandergebracht: Sie beschränkt sich nun nicht mehr darauf, ein Schönes zu preisen, das als solches anerkannt ist. In einer Art allgemeinem Expressionismus sucht das künstlerische Schaffen – ähnlich wie die Literatur, die schon früher dazu erwacht ist –, sich mit der gesamten Lebenswirklichkeit und allen Vorstellungen des Menschen zu befassen. Da es – außer auf der Ebene des Stils – nicht mehr allein auf das Schöne abzielt, schreckt es vor extremen Brüchen und Entstellungen nicht zurück.

Ungeachtet des allgemeinen Eindrucks einer Raserei in «Schall und Wahn»[34] ist doch der «goldene Faden» des Schönen nicht ganz gerissen. Um nur die bekanntesten Maler – ob sie nun «figurativ» oder «abstrakt» malen – zu nennen: Braque, Matisse, Chagall, Miró, Bonnard, Derain, Marquet, Morandi, Balthus, de Staël, Kandinsky, Delaunay, Bazaine, Hartung, Sam Francis, Rothko, Manessier, Soulages, Zao Wouki. Durch sie oder über sie hinweg ist der Bezug zu den Erfahrungen der Vergangenheit nach wie vor gerechtfertigt.

Ich möchte hier die Sichtweise eines Mannes erwähnen, der einen scharfen Sinn für das Tragische der Moderne besaß, den Dichter und Maler Max Jacob. In «L'Homme de cristal» («Der Kristallmensch») schreibt er ganz schlicht:

Auf meinem Totenantlitz wird zu lesen sein,
wonach ich geforscht habe,
und alles, was aus der ganzen Natur
in mein – nach jeder Art Schönheit verlangendes –
Herz dringt:
die Reisen, der Frieden, das Meer, der Wald.[35]

Und in «Derniers poèmes» («Letzte Gedichte») spricht er von seiner Sehnsucht: «Es reichte, dass ein fünfjähriges Kind in seinem hellblauen Kittel etwas in ein Album zeichnete, damit sich ein Tor zum Licht öffnete, die Burg wieder neu entstand und der ockerfarbene Hügel sich mit Blumen bedeckte.»[36]

Ein künstlerisches Schaffen, das diesen Namen verdient, schaut der gesamten Wirklichkeit ins Auge und ist es sich schuldig, zwei Ziele anzustreben: Es hat sicherlich den Anteil an Gewalt und Leiden, der zum Leben gehört, sowie alle Formen der Perversion, die dieses Leben erzeugt, zum Ausdruck zu bringen; doch es hat ebenfalls die Aufgabe, immer wieder zu offenbaren, was das lebendige Universum an virtueller Schönheit in sich birgt. Jeder Künstler sollte im Grunde die der Kunst von Dante zugewiesene Mission erfüllen: sowohl die Hölle als auch das Paradies zu erforschen. Einer der Beweise für die Existenz der virtuellen Schönheit liegt übrigens im künstlerischen Schaffen selbst. Innerhalb dieses Schaffens ist die Suche nach der Schönheit der Form und des Stils – selbst wenn diese notwendige Schönheit nie ausreicht – das Merkmal, das ein Kunstwerk von den anderen menschlichen Erzeugnissen, die alle einem Zweck dienen, unterscheidet. Die wahrhafte Kunst ist als solche eine Errungenschaft des Geistes; sie hebt den Menschen zur Würde des Schöpfers empor, lässt aus dem Dunkel des

Schicksals einen denkwürdigen Funken der Rührung und Freude aufblitzen, ein Licht der Leidenschaft und des Mitleidens, an dem man Anteil nehmen kann. Durch ihre ständig erneuerten Formen strebt sie dem offenen Leben entgegen, indem sie die Mauern der Gewohnheit niederreißt und eine neue Art des Wahrnehmens und des Lebens erzeugt.

Wenn ich von Kunst spreche, denke ich sowohl an die Dichtkunst und die Malerei als auch an die Musik. Der abendländischen Musik schreibe ich einen besonders hohen Rang zu. Auf all diesen Gebieten hat der Geist des Menschen seinen höchsten Ausdruck gefunden. Denn Kunst ist immer die Kristallisation eines anscheinend vorläufigen «hier und jetzt», das Emporheben eines in der Zeit Gegenwärtig-Anwesenden als Ereignis. Durch die Formen, die die Kunst verwirklicht – Formen, die den großen Rhythmus der Welt mit neuem Leben erfüllen –, ist sie für den Menschen das höchste Mittel, dem Schicksal und dem Tod zu trotzen. Andere Tätigkeiten werden dadurch keineswegs entwertet. Der Kunst ist es ganz einfach gegeben, sich durch ihre eigene Existenz, durch «die Sache an sich», zu rechtfertigen. In ihr kann der Mensch für sein irdisches Leben einen Daseinsgrund finden. Wie sollte man hier nicht an die berühmten Strophen Baudelaires denken:

Ein Ruf, den tausendfach der Wächter Mund verkündet,

Sie sind ein Losungswort, das tausendfach erschallt;

Leuchtfeuer, tausendfach auf Türmen angezündet,

Ein Jägerruf, der durch die finstren Wälder hallt!

Denn wahrlich, Herr, es ist bei allen Herrlichkeiten

Kein besserer Beweis für die Berufenheit,

Als dieser wilde Schrei, der rollend durch die Zeiten

Erst sterben wird am Strand von deiner Ewigkeit! [37]

Der Dichter huldigt hier den großen Malern, die
den Ruhm der abendländischen Malerei begründet
haben. Ich folge ihm darin weitgehend. Ohne ir-
gendeinen der verschiedenen Bereiche der Kunst zu
vernachlässigen, neige ich dazu, den Akzent auf die
Malerei zu legen, denn diese visuelle Kunst drängt
sich uns – wenn wir dem Schönen nachforschen –
durch die Kraft ihrer Evidenz auf. Sie war es auch,
die im Laufe der Jahrhunderte zu dem konkretesten
und folgenreichsten Nachdenken über Kunst geführt hat. So wie ansatzweise schon in der vorhergehenden Meditation werde ich auch jetzt die beiden
Denktraditionen heranziehen, die ich ein wenig
kenne, die abendländische und die chinesische.
Dieses Mal werde ich jedoch insbesondere die Ästhetik – oder die Philosophie der Kunst – zu Rate
ziehen; dabei geht es mir um die Frage, in welchem
Maße es – ungeachtet der vollständigen Verwirrung,

in der wir uns seit einem Jahrhundert befinden – noch möglich ist, Wertbegriffe zu finden, mit denen sich das im künstlerischen Schaffen erzeugte Schöne umgrenzen lässt.

Ich möchte besonders betonen, dass es sich hier keineswegs um eine systematische Studie handelt; eine solche gestattet schon der Rahmen nicht, in dem unsere Meditation stattfindet. Im Übrigen kann die Neigung, sich auf den schwerfälligen akademischen Apparat zu stützen und kein Detail zu vernachlässigen, nur dazu führen, das zu verschleiern, worum es mir geht. Ich beabsichtige auch nicht, Ost und West ein weiteres Mal einander in ihrer Verschiedenheit scharf gegenüberzustellen, um irgendwelchen narzisstischen Neigungen zu schmeicheln. Das ist ja auch schon gemacht worden. Wenn wir uns dabei aufhielten, würde das zu einem sterilen Spiel führen. Ich werde mich natürlich darum bemühen, den Unterschied deutlich zu machen, doch unter dem Aspekt der Komplementarität. Es ist doch nicht zu leugnen, dass aufgrund der Einmaligkeit der Lebewesen und der Kulturen die Verschiedenartigkeit eine der Grundbedingungen des Menschlichen überhaupt, sein Reichtum und seine Chance ist. Doch habe ich lang genug gelebt, um zu sehen und zu verstehen, dass das Streben des Menschen zum Schönen universeller Natur ist. Ich zweifle nicht daran, dass der große Dialog, der das kommende Jahrhundert auszeichnen wird, nicht im Geist der Konfrontation, sondern in dem des gegenseitigen Verständnisses – der einzig gangbare Weg – stattfinden wird. Von der abendländischen Ästhetik, die allen bekannt ist, werde ich nur die wenigen Punkte, die mir wichtig erscheinen, erwähnen. Wenn ich hier mehr Gewicht auf das ästhetische Denken in China lege, so nicht, weil ich ihm den Vorzug gebe. Im Sinne des Dialogs möchte ich ganz einfach einen Teil, den ich besser kenne, beisteuern.

Was die Hauptströmung des abendländischen Denkens angeht – angefangen bei den Griechen über Descartes bis zum modernen Rationalismus –, ließe sich sehr schematisch sagen, dass das, was ihre Besonderheit und in vielerlei Hinsicht ihre Größe ausgemacht hat (selbst wenn man auf philosophischer Ebene seit einem Jahrhundert ihre Grenzen feststellt), der dualistische Ansatz ist: ein Dualismus, der auf der Trennung von Geist und Materie, von Subjekt und Objekt beruht. Diese Trennung war eine notwendige Etappe mit positiven Errungenschaften, die der ganzen Menschheit zugute kamen: Die Herausstellung des zu beobachtenden und zu analysierenden Objekts hat zur Logik und zum naturwissenschaftlichen Denken geführt; die Herausstellung des Subjekts zur Ausarbeitung eines seinen

Status schützenden Rechts und zu einer tatsächlichen Freiheit.

Auf dem Gebiet der Ästhetik war diese zu scharfe Trennung, wenn sie auch äußerst fruchtbare Gedanken hervorgebracht hat, nicht immer einem Ansatz günstig, der einen organischen Prozess im Auge hat, in dem sich Subjekt und Objekt in einem ständigen Austausch befinden, wobei sie sich fortwährend verwandeln. Man kann in der Geschichte der Reflexion über das Phänomen des künstlerischen Schaffens und die Kriterien des Schönen eine Art Schwanken beobachten, eine Unentschlossenheit zwischen der Behauptung des Vorrangs des Objekts und der des Vorrangs des Subjekts. Stark vereinfacht lässt sich sagen, dass sich das Schönheitsideal, an dem sich das künstlerische Schaffen auszurichten hat, vom alten Griechenland bis zum 18. Jahrhundert auf objektive Kriterien zu stützen sucht, wobei die Kunst die Natur mit ihren lebendigsten, inspirierendsten, edelsten Elementen zum Modell nimmt.

Im «Phaidros» sagt Platon, dass sich die Schönheit in den Dingen manifestiert – und zwar im «Geheimnis vollkommener und unverfälschter, wandelloser und seliger Erscheinungen, die sich uns enthüllten im reinen Lichte».[38] In der «Metaphysik» nimmt Aristoteles den gleichen Standpunkt ein, formuliert jedoch konkretere Kriterien: «Die hauptsächlichsten Formen aber des Schönen sind Ordnung und Ebenmaß und Bestimmtheit, was ja am meisten die mathematischen Wissenschaften zum Gegenstand ihrer Beweise haben.»[39]

Diese objektiven Prinzipien der Ordnung, des Ebenmaßes und der Bestimmtheit, die Vorstellungen von angestrebter Harmonie, gewolltem Kontrast und angemessenen Proportionen nach sich ziehen, gelten noch lange als unbestrittene Regeln, ungeachtet der periodisch unternommenen Versuche, andere mehr oder weniger rebellische Ausdrucksformen einzuführen, wie beispielsweise zur Zeit des Barock.

Erst im 18. Jahrhundert kehrt sich die Tendenz zugunsten einer Kunst um, in der die subjektive und individuelle Inspiration mehr und mehr betont wird. Diese Umkehrung geht zum Teil auf die Philosophie Descartes' zurück, der weniger als ein Jahrhundert zuvor den Vorrang des erkennenden Subjekts behauptet und damit auf indirekte Weise die späteren Untersuchungen über die schöpferische Kraft des Denkens begünstigt hatte. Im Laufe des 18. Jahrhunderts begann man in mehreren Ländern Westeuropas, das Problem des Schönen in der Kunst neu zu überdenken. In seinem Enzyklopädie-Artikel über das Schöne bleibt Diderot, der ein Bewunderer von Chardin ist, im Grunde noch dem klassischen Ansatz verhaftet, nicht ohne diesen durch neue

Sichtweisen zu durchbrechen: In Bezug auf die interne Struktur eines Werks versichert er, die von ihm ausgehende Schönheit liege in den *Beziehungen*, und er äußert den Gedanken, dass die Kunst uns – jenseits der *Nachahmung* – lehre, in der Natur das zu sehen, was wir in der Wirklichkeit nicht sehen. In seinem Artikel über das Genie zeigt er sich kühner: «Das Genie ist ein autonomes und freies Subjekt, das sich seine eigenen Gesetze schafft. Jede Regel, jeder Zwang löscht sein schöpferisches Vermögen aus, das Pathetische, das Wilde und Erhabene hervorzubringen.»

Für das 18. Jahrhundert müssen wir unseren Blick wieder Deutschland zuwenden. Dort fand ein außerordentliches philosophisches Ereignis, deutscher Idealismus genannt, statt. Von der Mitte des 18. bis zu den ersten Jahrzehnten des 19. Jahrhunderts folgten drei Generationen von Denkern aufeinander, die zu dem Thema, das uns hier beschäftigt, leidenschaftliche und fesselnde Fragen gestellt, Untersuchungen unternommen und dadurch zum Entstehen der literarischen und künstlerischen Bewegung der Romantik beigetragen haben. Für unsere weiteren Überlegungen ist es angebracht, dieses Unternehmen zusammenzufassen – und sei es in kurzer und notgedrungen unzureichender Form.

Beginnen wir, wie es sich gehört, mit Alexander Gottlieb Baumgarten. Er wurde im Jahre 1714 geboren, ist ein Schüler von Christian Wolff und Zeitgenosse von Johann Joachim Winckelmann, dem Autor des berühmten Werks «Die Geschichte der Kunst des Altertums». Ihm gebührt das Verdienst, als Erster den Wunsch ausgesprochen zu haben, man möge eine sich mit der Ästhetik befassende Disziplin einführen, eine Art Wissenschaft des sinnlichen Erkennens, war doch in seinen Augen die Schönheit die sinnliche Erscheinungsform der Wahrheit. Unmittelbar nach ihm haben es sich die deutschen Denker zur Pflicht gemacht, über die Frage der Schönheit nachzudenken.

Kant bildet da keine Ausnahme. Seinen beiden ersten «Kritiken» fügt er eine «Kritik der Urteilskraft» hinzu, die der Art und Weise nachgeht, in der der Mensch das Schöne begreift. In diesem Werk, dessen Klarheit und Strenge bewundernswert sind, nimmt der Philosoph den Standpunkt eines Betrachters ein, der sich vor einem schönen Gegenstand oder einem Kunstwerk befindet und versucht, es zu beurteilen, und nicht den eines Schaffenden im Schaffensprozess, dessen Bewusstsein die Schönheit als eine an ihn gerichtete Herausforderung auffasst. Das ist plausibel, denn der Philosoph folgt im Allgemeinen einem «dualistischen» Ansatz. Er nimmt den Standpunkt eines Subjekts ein, das sich dem ihm gegenüberstehenden Objekt mit der Absicht nähert, es zu erkennen. Es ist bekannt, mit welcher

Hellsichtigkeit er untersucht hat, wie weit die menschliche Erkenntnis reicht. Doch ebenfalls ist bekannt, dass ihn die philosophische Reflexion zu der Feststellung geführt hat, dass der Mensch das «Ding an sich», das Ding, wie es als solches ist, nicht erkennen kann.

Kant zufolge ist der Geschmack das «Vermögen der Beurteilung des Schönen». Der Geschmack ist also ein Urteil, dessen Untersuchung es Kant erlauben wird, vier Definitionen des Schönen zu geben: Das Schöne ist Gegenstand eines Wohlgefallens «ohne alles Interesse»; «Schön ist das, was ohne Begriff allgemein gefällt» – das heißt, man kann Schönheit nicht beweisen, sondern nur empfinden; «Schönheit ist die Form der Zweckmäßigkeit eines Gegenstandes, sofern sie ohne Vorstellung eines Zwecks an ihm wahrgenommen wird» – das heißt, ein Kunstwerk zielt auf keinen nützlichen Zweck ab; «Schön ist, was ohne Begriff als Gegenstand eines notwendigen Wohlgefallens erkannt wird» – das heißt, jeder von uns muss dafür empfindlich sein.[40]

Nach unserer Auffassung sind diese vier Definitionen wohl unzureichend, um die ganze Erschütterung des Menschen, die ganze potentielle Verwandlungskraft zu begreifen, die im Inneren eines Subjekts wirksam werden kann, wenn sein Verlangen und sein Geist mit der Schönheit ringen.

Fichte, der von Kant als seinem Lehrmeister ausgeht, versichert, dass wir das «Ding an sich» sehr wohl bis zu einem gewissen Grade erkennen können, und zwar insofern, als es dem erkennenden Geist des Menschen zugrunde liegt. Er feiert das reflektierende Subjekt, das aus sich selbst die Mittel der Erkenntnis schöpft, und errichtet ein System, das schließlich zu einem absoluten Idealismus führt, in dem es keine andere Realität als das Ich gibt.

Schelling, der seinerseits von Fichte als seinem Lehrmeister ausgeht, vollendet gewissermaßen das intensive dialektische Spiel, das sich über drei Generationen hinzog. Schelling ist von der Bedeutung des erkennenden, handelnden, schaffenden Subjekts durchdrungen. Er weiß auch, dass ein schutz- und schrankenloser Subjektivismus der Willkür Vorschub leistet und auf ein Gleis mündet, das der Wahrheit des Lebens zuwiderläuft. Das menschliche Bewusstsein braucht weder einen schimärenhaften Komplizen noch einen sterilen Opponenten, sondern einen Partner, einen Gesprächspartner. Diesen kann sich der Einzelne nicht willkürlich, nicht nach Belieben wählen. Es muss die Quelle des Lebens selbst sein. Für Schelling ist das die Natur, der er einen dem griechischen Begriff «Physis» verwandten Sinn gibt. In ihrer potentiellen und nicht-offenbarten Tiefe ist die Natur nach seiner Auffassung nicht lediglich eine passive und unterwürfige Entität, ein einfaches Reservoir an Rohstoffen oder, noch schlimmer, ein dekorativer Rahmen für den Menschen. Sie ist die ursprüngliche kosmische Kraft, die auf ein heiliges und ewig schöpferisches Prinzip zurückgeht. Sofern der Mensch mit ihr einen kontinuierlichen und anspruchsvollen Dialog führt, kann er sicher sein, sich auf dem wahrhaften Weg des Lebens und der Schöpfung zu befinden.

Die wesentlichen Gedanken Schellings kommen in seinem Werk «System des transzendentalen Idealismus» zur Sprache, das im Jahre 1800 veröffentlicht wurde. Schelling räumt dem wahren künstlerischen Schaffen den höchsten Rang ein, noch über der reinen philosophischen Spekulation. Er will zeigen, dass der dem Menschen innewohnende Geist, begierig, das Absolute zu erkennen, sich auf die Suche nach der Identität des Ichs und der Identität der Welt begibt. Eine höhere Identität, in der Ich und Welt zusammenfallen, kann allein durch die Kunst verwirklicht werden. Denn im schöpferischen Akt objektiviert der Künstler die Idee in der Materie und subjektiviert damit zugleich die Materie. In der Kunst sind also die scheinbar unvereinbaren Gegensätze – Geist und Natur, Subjekt und Welt, Singuläres und Universelles – vereint. Ein großes Werk begreift unendlich viele Intentionen und Virtualitäten in sich; es ist tatsächlich die Darstellung des Unendlichen im Endlichen, der einzige Ort, an dem sich die Widersprüche beruhigen und lösen. Nach meiner Meinung ist Schelling unter den abendländischen Denkern derjenige, dessen Vision von der Kunst der Auffassung der gelehrten chinesischen Maler am nächsten kommt, wenn auch der Begriff der «absoluten Identität» dem auf der Idee des Atems gründenden chinesischen Denken zu starr, zu statisch erscheint. Unglücklicherweise wird Schellings Philosophie schnell von der seines Kommilitonen Hegel verdrängt, dessen Genie alles auf seinem Weg hinwegfegt.

Das allzu gewaltige System Hegels zerstört das fragile Gleichgewicht, das auf dem Respekt des Menschen dem Anderen gegenüber – der Natur oder dem lebendigen Universum – und auf der aufrichtigen und gerechten Wechselbeziehung beider Partner beruhte. Durch die Antizipation des Triumphes der absoluten Idee, der nach Hegel das künstlerische Schaffen und die Religion zum Verschwinden bringen wird, scheint das Objekt – als Negation, die es dem Geist-Subjekt erlaubt, über sich hinauszugehen – nur noch eine Art «provisorisches Sprungbrett» oder «nützlicher Vorwand» zu sein und nicht wie bei Schelling eine fortdauernde Entität, die konstruktive Widersprüche und Forderungen mit sich bringt. Wenn wir davon ausgehen, dass vor allem in der Kunst das wesentlich ist, was gemäß dem Prinzip des Lebens zwischen den Partnern entsteht – und zwar im Sinne einer gemeinsamen Verwandlung –, dann ist die Hegelsche Dialektik nicht im strengen Sinn «dialogisch»; sie folgt keiner wirklich dreiheitlichen Bewegung.

Nach Hegel sind im Bereich der Ästhetik Nietzsche und Croce zu nennen: Während Nietzsche die dionysische Lebenskraft verherrlicht, betont Croce den subjektiven Ausdruck des menschlichen Geistes. Paradoxer- oder glücklicherweise begreifen zur selben Zeit die Künstler, vor allem die Impressionisten, instinktiv, dass es erforderlich ist, wieder einen wahrhaftigen Dialog mit der Natur zu führen. Pissarro, Monet, van Gogh, Gauguin, Renoir, Sisley – jeder hat auf seine Weise seine Vision bis zu Ende verfolgt und dabei in den unversiegbaren Quellen der wiedergefundenen Natur Kraft geschöpft.

Ohne ihn mit den anderen vergleichen zu wollen, möchte ich besonders Cézanne hervorheben. Er scheint mir tiefer als alle anderen vorgedrungen zu sein, als er sich daran machte, die Felsen, die Bäume und die Montagne Sainte-Victoire zu malen. Jenseits der Witterung, die der Atmosphäre geschuldet ist, hat er sich in eine geologische Zeit vertieft und von deren Innerem aus der tellurischen Kraft beigewohnt, die aus dem ursprünglich Dunklen zum Hellen aufsteigt, zur rhythmischen Entfaltung dessen, was die Erde an unterschiedlichen Formen in sich birgt – Formen, die das faszinierende Lichtspiel der Sonne noch stärker variiert.

Bei Cézanne entsteht die Schönheit aus Begegnungen auf allen Ebenen. Auf der Ebene der dargestellten Natur: eine Begegnung von Verborgenem und Manifestem, von Beweglichem und Unbeweglichem; auf der Ebene der künstlerischen Arbeit: eine Begegnung der ausgeführten Pinselstriche, der aufgetragenen Farben. Und über all dem: eine Begegnung zwischen dem Geist des Menschen und dem der Landschaft in einem begünstigten Augenblick – und dazwischen gleichsam die Andeutung eines Zitterns, eines Vibrierens, eines Mangels an Vollendung, so, als ob der Künstler sich zurücknehmen oder darauf vorbereiten wollte, jemanden zu empfangen – einen Besucher, der sich das Aufgenommene und Dargebotene zu eigen machen könnte.

Ja, zu Beginn des 20. Jahrhunderts erhebt sich im Okzident diese singuläre Gestalt, mit der – über die Jahrhunderte hinweg – die großen Meister der Song-Zeit (11.–13. Jahrhundert) und der Yuan-Zeit (14. Jahrhundert) gern sprechen würden. Das Werk Cézannes steht der großen Tradition der chinesischen Landschaftsmalerei unleugbar am nächsten. Es hat genug Größe, dass sich in ihm die beiden Traditionen im Sinn einer gemeinsamen Erneuerung erkennen und befruchten können. Denn der Kubismus hat im Okzident nur einen oberflächlichen Teil von all dem Reichtum aufgenommen, den dieses Werk enthält.

Kein Wunder, dass sich ein Merleau-Ponty, als das phänomenologische Denken – dieser Versuch einer «Rückkehr zu den Dingen» – aufgekommen war, dazu entschied, das Phänomen der Wahrnehmung und des künstlerischen Schaffens anhand von Cézannes Erfahrung zu erforschen. Er verbrachte einen Sommer auf den Spuren des Malers am Fuße der Montagne Sainte-Victoire und stellte fest, dass der Akt des Wahrnehmens und des künstlerischen Schaffens dem *Chiasmus* entspringt – wir haben den Begriff bereits erwähnt –, einem Chiasmus, der aus der Begegnung der Blicke besteht, die die Begegnung der Körper und des Geistes nach sich zieht. In diesem Spiel vollkommener Begegnung wird das Subjekt, das blickt, auch angeblickt, denn die erblickte Welt erweist sich als eine ebenfalls «blickende». Zwischen den beiden gegenwärtigen Entitäten verwandelt sich die Begegnung in ein gegenseitiges Sich-Durchdringen. Die wirkliche schöpferische Wahrnehmung ereignet sich durch ein Von-Körper-zu-Körper und ein Von-Geist-zu-Geist.

Bleiben wir noch einen Augenblick in der intellektuellen Sphäre der Phänomenologie. Wenn er auch die Verwandtschaft nicht ganz akzeptiert hat, so hat auch Heidegger bei Cézanne – und weiter zurück bei Laotse – gewisse Dinge gelernt. Wenn er über die Natur und die Bedeutung von Kunstwerken nachdenkt, verwendet er unter anderem das

Bild des leeren Kruges. Gerade durch seine Einfachheit verbindet ein Krug Erde und Himmel, Mensch-
liches und Göttliches. Jedem Kunstwerk, das diesen
Namen verdient, wohnt diese Kraft des «Verbin-
dens» inne. Wir können darin ein Echo Schellings
hören, den Heidegger intensiv gelesen hat.

All dies betrifft den allgemeinen Ansatz des
abendländischen Nachdenkens über das künstlerische Schaffen. Dieses Denken hat natürlich auch
die konkrete Untersuchung der künstlerischen Praxis vorangetrieben. Indem es sich auf eine lange,
kontinuierliche Geschichte der Kunst stützte, ent-
wickelte es Elemente, mit denen sich Stile und Gat-
tungen unterscheiden lassen, Modelle, die Formen
und Strukturen umreißen, rhetorische Figuren –
Metapher, Metonymie, Allegorie, Symbol usw. –,
mit denen man die vielfältigen Vorgehensweisen bei
der Verwirklichung eines Werks beschreiben kann.
Ich würde nun gern – und sei es nur kurz – auf die
beiden Begriffe zu sprechen kommen, von denen
sich die abendländische Kunst ursprünglich hat leiten lassen, nämlich auf *Mimesis* und *Katharsis*.

Der Begriff «Mimesis» («Nachahmung») hat zahlreiche Deutungen gefunden. Ich halte mich hier an
den Sinn, den ihm Platon und Aristoteles geben. In
der Philosophie Platons hat «Mimesis» zwei Bedeutungen: Sie ist einerseits die Kunst der «überein-

stimmenden» Wiedergabe; andererseits die Kunst des trügerischen Scheins. Wenn der Künstler ein Werk hervorbringt, das mit dem Kanon der Proportionen des menschlichen Körpers übereinstimmt, schafft er ein wahres Werk. Dabei ist festzuhalten, dass im alten Griechenland die Skulptur als höchste Form der Kunst gilt. Sie feiert vor allem den menschlichen Körper. In der idealisierten Gestalt der Schönheit und des Begehrens, hinter der man die göttliche Schöpferhand ahnt, gehen Erscheinung und Wesen ineinander über.

Wenn sich der Künstler jedoch von der objektiven Wahrheit entfernt, schafft er ein Werk, in dem die Ähnlichkeit nur Schein, Illusion, Täuschung ist. Platon verdammt diese Kunst des trügerischen Scheins. Daher werden Maler und Dichter aus der idealen Polis verbannt, wie sie der Philosoph in der «Politeia» entwirft.

Aristoteles weist diese von Platon aufgestellte Dichotomie zurück und vertritt in der «Poetik» die Auffassung, das Prinzip aller Künste liege in der Mimesis. Der Philosoph weiß, dass der Weg der Kunst über eine Materie zur Form geht, dass der Künstler, der die Materie im Hinblick auf die Form bearbeitet, zwangsläufig Materie und Form beherrschen und erkennen muss. Das führt Aristoteles zu der Feststellung, dass die Arbeit der Mimesis ein Erkenntnisprozess ist.

Das Bemühen um genaue Wiedergabe führt im Künstler von vornherein zu einer Haltung, die den Geist der abendländischen Kunst bestimmt: Der zur Wiedergabe fähige Mensch verherrlicht seine eigene technische Leistung; der zur Kenntnis von Materie und Form fähige Mensch verherrlicht den Drang in sich, die Welt zu beherrschen. Die Idee der Mimesis kommt in allen Kulturen vor, doch im Okzident wurde ihre praktische Entwicklung auf die Spitze getrieben, sicher auch aufgrund des sehr frühen Zutagetretens ihrer besonderen Bedeutung. Wenn man die abendländische Malerei und Bildhauerei – wir sehen hier von der Musik ab – bis zum 19. Jahrhundert in ihren großen Linien betrachtet, dann wird man daran die herrschende Tendenz ablesen können: Sie zielt weniger darauf, einen Traumzustand oder einen Zustand reinen Einklangs zu schaffen, als darauf, das Wirkliche durch seine wahrheitsgetreue Darstellung zu bezwingen. Der Geist, der diese Kunst beseelt, ist der der Eroberung. Ich benutze diesen Begriff keineswegs in einem negativen Sinn. Allerdings blendet der Geist der Eroberung, wenn er ausschließlich und übertrieben herrscht, den schöpferischen Menschen und hindert ihn daran, die Aufgabe, die die Kunst ihm stellt, ganz zu erfüllen. Nichtsdestoweniger macht dieser Geist – in seinem besten Sinn verstanden – die Größe der abendländischen Kunst aus. Größe der

Kenntnis und der Erkenntnis. Zunächst die praktischen Kenntnisse: die genaue Beobachtung der optischen Wirkungen und der atmosphärischen Phänomene; die Analyse der Bestandteile der mineralischen, pflanzlichen und tierischen Materie. Und als größte Errungenschaft: die präzise Formulierung der Gesetze der Perspektive.

Doch wir möchten die Erkenntnisse einer ganz anderen Ordnung hervorheben. Die abendländische Kunst, Erbin Griechenlands und der jüdisch-christlichen Tradition, hat immer und immer wieder die Landschaften dargestellt, in denen sich das Drama oder das Streben des Menschen abspielt, und selbst den menschlichen Körper – fleischliche Körper in ihrem Glanz und ihrer Lust, gewiss, aber sehr oft auch von Gewalt und Leiden gezeichnete Körper, Opfer von Grausamkeit und Hohn, Körper, die geopfert werden und der Erlösung harren.

Über die Landschaften und Körper hinaus hat die abendländische Kunst mehr als jede andere Kunst in der Welt das Gesicht sichtbar gemacht und alle Facetten seines Geheimnisses erforscht. Das Geheimnis seiner rührenden Schönheit, das nicht weniger verblüffende Geheimnis seiner Fähigkeit, in Hässlichkeit überzugehen. Zwischen den Polen der Schönheit und der Hässlichkeit bietet der Gesichtsausdruck eine ganze Palette von Modalitäten, in denen sich das nicht-offenbarte Leben auszusprechen sucht:

Zärtlichkeit, Entzücken, Jubel, Elan und Suche, Ekstase, Einsamkeit, Melancholie, Zorn, Trauer, Verzweiflung ... Unter all denen, die dieses Geheimnis erforscht haben, verdient Rembrandt, der auf die großen Maler der Renaissance folgt, sicher den höchsten Rang.

Was den Begriff der Katharsis betrifft, so hat Aristoteles ihn ebenfalls untersucht: in seiner «Poetik», und zwar in Zusammenhang mit den Leidenschaften. Das griechische Wort, das Purgation, Reinigung im quasi medizinischen und Läuterung in einem höheren Sinn bedeutet, ist mit dem Theater und insbesondere mit der Tragödie verknüpft. Der Zuschauer, der der Aufführung einer Tragödie beiwohnt, nimmt daran geistig teil. Er kann alle möglichen Gefühle empfinden, unter denen Furcht und Mitleid die beherrschenden sind. Ihnen wird Linderung zuteil, wenn am Ende des Dramas die Ungerechtigkeit wieder gutgemacht oder der ungerechte Mensch von Gewissensbissen geplagt oder bestraft wird. Wenn es der Tragödie gelingt, das Geheimnis des menschlichen Schicksals tief auszuloten, und der Zuschauer von «dem heiligen Schrecken» erfasst wird, kann die Läuterung, die sich daraus ergibt, als innere Umkehr, als geistige Erhebung verstanden werden.

Wie auch immer die griechische Tragödie im Zeitalter der Klassik weiterentwickelt wird – die

Vormacht des Schicksals tritt hinter dem Gewissenskonflikt des Menschen zurück –, das Heilige ist in ihr präsent; insbesondere wird es durch die Stimme des Chores ausgedrückt, die die Handlungen kommentiert, beklagt oder begrüßt und dabei immer indirekt die Mächte von oben anruft, die sich distanziert und unnachgiebig zeigen – daher die dramatische Spannung. So wird das Menschliche am Maß des Göttlichen gemessen, das Sein der Sterblichen im Lichte des Seins der Götter erfasst. Der Tod erscheint hier als nicht überschreitbare Grenze und zugleich paradoxerweise gerade als Hoffnung auf Überschreitung. Er ist in der Tat die einzige Chance zu einer Verwandlung. In allen Tragödien ist der Orpheus-Mythos latent vorhanden; er nimmt die Passion Christi vorweg, von der die abendländische Einbildungskraft jenseits aller Glaubensfragen immer wieder eingeholt wird.

Diese Sicht der Dinge zeigt uns, dass nur die geistige Umkehr und Verwandlung es gewissen Formen menschlicher Tragik erlauben, in Schönheit überzugehen. Nach meiner Auffassung liegt die griechische Tragödie allem Weiteren zugrunde und trägt zu der Größe bei, von der wir sprachen; sie prägt alle Formen der künstlerischen Tradition: das Theater, die Literatur, die Malerei, die Musik und den Tanz.

Mit der künstlerischen Tradition des Okzidents, die sich durch ihre kontinuierliche Entwicklung und durch die lange theoretische Reflexion, die sie begleitet, auszeichnet, ist, soweit ich sehe, nur die künstlerische Tradition Chinas vergleichbar. Fast drei Jahrtausende zeichnete sich das künstlerische Schaffen in China durch eine bemerkenswerte Kontinuität aus; nicht weniger bemerkenswert ist die Tatsache, dass während dieser langen Jahrhunderte ein beeindruckender Korpus theoretischer Texte – zunächst von Denkern, dann von Künstlern – entstanden ist. Und zwar vor allem im Bereich der Poesie, der Kalligraphie und der Malerei. Diese drei Künste waren miteinander organisch verknüpft. Als etwa im 11. Jahrhundert die sogenannte Gelehrten-Malerei aufkam, bildeten sie insofern eine einheitliche Praxis, als die gelehrten Maler die Gewohnheit annahmen, in ihre Bilder kalligraphierte Gedichte einzufügen. Diese drei Künste in einer haben den Ausdruck des menschlichen Geistes so hoch emporgehoben, dass die Chinesen sie schließlich als die höchste Form menschlicher Erfüllung ansahen.

Wenn ich mir diese spezifische Tradition näher anschaue, bin ich versucht, Kant zu paraphrasieren, jedoch indem ich ihn gewissermaßen umkehre und sage, dass die Erkenntnis des Schönen allgemein ist, doch nicht ohne Begriff, dass sie ohne alles Interesse ist, doch nicht ohne Zweck. Denn erstaunlicherweise hat das chinesische Denken in der Dichtungstheorie und noch mehr in der Theorie der Malerei – beide auf praktische Erfahrung gestützt – die größte Anzahl von Vorstellungen entwickelt, von denen einige wirkliche Begriffe von allgemeiner Bedeutung sind.

Was den Zweck des Schönen, zumindest des Schönen der Kunst, angeht – einer Kunst, deren Wesen de facto auf die Naturschönheit zurückgeht –, so zweifelte der chinesische Mensch der klassischen Epoche nicht daran, dass dort der Ort des wahrhaftigsten Lebens, das zu leben das irdische Schicksal erlaubt, zu finden ist. Der Zweck des Kunstschönen in seiner höchsten Form ist mehr als «ästhetischer» Genuss; er besteht darin, die Gabe zu leben zu geben. Sagte der große Maler Guo Xi, der im 11. Jahrhundert gelebt hat, nicht, dass «viele Bilder da sind, um angeschaut zu werden, doch die besten ein Medium für einen unbegrenzten Aufenthalt darstellen»? In diesem Aufenthalt einer anderen Art bedeutet sterben, wieder ins Unsichtbare einzugehen.

Eine derart konstante Überzeugung und gelebte Erfahrung verdienen es vielleicht, dass wir ihnen einen Augenblick unsere Aufmerksamkeit schenken. Es handelt sich um ein Gebiet, das dem Themenkatalog des bedeutenden Dialogs zwischen dem Fernen Osten und dem Okzident, der endlich in Gang kommt, hinzuzufügen ist. In dem beschränkten Rahmen dieser Meditation begnüge ich mich damit, drei grundlegende Begriffe zu nennen: «yin yun», «Einheit stiftende Interaktion», «qi yun», «rhyth-

mischer Atem», und «shen yun», «göttliche Resonanz». Diese Begriffe, die organisch und hierar-
chisch miteinander verknüpft sind, bilden die drei
Ebenen oder Stufen eines Kriteriums, das es der chinesischen Tradition erlaubte, ein Kunstwerk und
damit auch die Wahrheit des Schönen ganz allgemein zu bewerten.

Bevor wir näher darauf eingehen, ist es unerläss-
lich, kurz an das zu erinnern, was wir bereits über
das chinesische Denken und den spezifischen Geist
seines Vorgehens gesagt haben. Eine Wiederholung
ist insofern nützlich, als sie es uns erlaubt, wichtige
Punkte zu bestätigen und zugleich ein paar Schritte
voranzuschreiten. Wiederholen wir also die folgenden Punkte. Ausgehend von der Idee des «qi», des
«Atems», der zugleich Materie und Geist ist, haben
die ersten chinesischen Denker eine einheitliche und
organische Auffassung vom lebendigen Universum
vorgetragen, in dem alles miteinander zusammenhängt und sich gegenseitig stützt. Der Atem ist die
Grundeinheit; ohne Unterlass beseelt er alle Lebewesen des lebendigen Universums, indem er sie in
einem gigantischen Netzwerk des voranschreitenden
Lebens verbindet, das «Tao», «Weg», genannt wird.
Innerhalb des Tao ist das Wirken des Atems dreiheitlich – in dem Sinne, dass der uranfängliche Atem
sich in drei Arten aufteilt, deren Interaktion die Gesamtheit der Lebewesen lenkt: den Atem yin, den

Atem yang und den Atem der mittleren Leere. Der Atem yang, der die aktive Kraft, und der Atem yin, der die aufnehmende Sanftheit verkörpert, brauchen den Atem der mittleren Leere – «qi» verkörpert, wie sein Name sagt, den Zwischenraum, der notwendig ist für die Begegnung und zirkuläre Bewegung –, um in eine wirksame und, soweit möglich, harmonische Interaktion zu treten.

Dieser kurze Überblick erinnert uns, wenn nötig, daran, dass das chinesische Denken mit seinen beherrschenden Themen – der «mittleren Leere» der Taoisten, der «richtigen Mitte» der Konfuzianer – von Anfang an versucht hat, den Dualismus zu überwinden. Heute sehen wir deutlicher, was dem chinesischen Denken fehlte und was China vom Okzident lernen sollte. In der ästhetischen Theorie, im Nachdenken über das Schöne und insbesondere über das künstlerische Schaffen scheint China jedoch sehr frühreif gewesen zu sein. Das dreiheitliche Denken hat sehr früh begriffen, dass die Schönheit dreiheitlicher Natur ist. Die Chinesen wissen zwar sehr wohl – wir haben darauf hingewiesen –, dass es «objektive Schönheit» gibt und genügend andere, weniger weitreichende Wörter, um sie zu bezeichnen. Doch nach ihrer Auffassung entspringt die wahre Schönheit, die sich ereignet und offenbart, die ein Erscheinen ist, das die Seele dessen, der sie erfasst, plötzlich berührt, aus der Begegnung zweier Wesen oder aus dem Zusammentreffen des menschlichen Geistes mit dem lebendigen Universum. Und das schöne Werk, das immer aus einem «Dazwischen» entsteht, ist ein Drittes, das – der Interaktion von Zweien entsprungen – diesen erlaubt, sich zu überschreiten. Wenn es eine Transzendenz gibt, so in diesem Überschreiten.

Zum dreiheitlichen Denken wäre noch zu bemerken, dass in der traditionellen chinesischen Rhetorik und dann in der traditionellen Ästhetik die Begriffe oder Stilfiguren häufig paarweise auftreten. Jedoch ist ein «Binom», beispielsweise «yin–yang», «Himmel–Erde», «Berg–Wasser», selbst Ausdruck der Dreiheit, denn es drückt nicht nur die Vorstellung jeder der beiden Einheiten aus, sondern auch die Vorstellung von dem, was sich zwischen ihnen abspielt. So gibt es beispielsweise das rhetorische Paar «bi xing», «Vergleich–Anregung», später das Paar «qing jing», «Gefühl–Landschaft», die eine beherrschende Stellung einnehmen.

Das erste Paar, «Vergleich–Anregung», gehörte zur Tradition der Kommentare zum «Buch der Lieder». Dieses Werk ist die erste Gedichtsammlung der chinesischen Literatur. Wahrscheinlich von Konfuzius etwa im 6. Jahrhundert v. Chr. zusammengestellt, enthält es Gedichte, die mehr als tausend Jahre vor unserer Zeitrechnung entstanden sind. Die Sammlung von über dreihundert Gedichten hat einige Jahrhunderte später die Tradition der Kommentare begründet. Die zwei Einheiten, die das erste Paar bilden, hatten die Aufgabe, die poetischen Verfahren zu erhellen. Es sind nicht einfache rhetorische Figuren, sondern regelrechte philosophische Begriffe, insofern sie die Subjekt-Objekt-Beziehung hervorheben; «bi», «Vergleich», bezieht sich auf den Fall eines Dichters, der in der Natur ein Element auswählt, um seine Empfindungen oder Gefühle zu veranschaulichen oder zu verkörpern; «xing», «Anregung», bezeichnet die Situation, in der eine Naturszene im Inneren des Dichters eine Erinnerung oder eine Erregung hervorruft. Zusammen bilden die beiden ein Paar, das zu einer wechselweisen Hin- und Herbewegung führt; diese bestimmt das Entstehen des Gedichts, das weder rein subjektive Projektion noch rein objektive Beschreibung sein kann. Nach chinesischer Anschauung setzt die Poesie, diese Praxis des Bedeutens, den Menschen und das lebendige Universum in der Tiefe miteinander in Beziehung, wobei das Universum als Partner, als ein Subjekt betrachtet wird.

Das zweite Paar, «Gefühl–Landschaft», ist später aufgekommen. Es erweitert sozusagen den Anwendungsbereich des ersten, indem es ihm eine dynamischere Bedeutung gibt. Dieses zweite Paar gilt für die Poesie, aber auch für die Malerei und die Musik. Es unterstreicht stärker die Dialektik in der Wechselbeziehung des Werdens zwischen Mensch und Natur: Das Gefühl des Menschen kann sich in der Landschaft entfalten, und die Landschaft ist ihrerseits mit Gefühlen begabt, wobei beide einem Prozess der Veränderung und Verwandlung unterliegen.

An dieser Stelle wollen wir uns endlich dem Problem der Kriterien für die Bewertung des künstlerischen Schaffens zuwenden. Auch die chinesischen Künstler und Denker sind sich der Schwierigkeit bewusst, Kriterien festzulegen. «Jeder hat seinen Geschmack», diese einfache, doch einsichtige Formel ist dazu geeignet, jeden Versuch in dieser Richtung zu entmutigen. Außerdem stellt sich, vor allem in der Kunst, das Problem der «Schönheit der Form». Die geschriebene Kunst stützt sich auf eine Schreibweise. Der Inhalt kann anstößig oder hasserfüllt sein, ohne eine Spur von Menschlichkeit, doch die Schreibweise kann durch den Aufbau, den Rhythmus und die Überzeugungskraft beeindrucken. Die bildende Kunst verkörpert sich in einer Form; die dargestellten Personen können blinde Gewalt oder willkürliche Grausamkeit zum Ausdruck bringen, doch die Form kann durch ihre Struktur und ihre Expressivität überzeugen. Besitzen solche Werke wirklich eine höhere Qualität? Können es erstrangige Werke sein? Lassen sich Bewertungskriterien angeben? Ist unser Weg, die Natur wahrhafter Schönheit einzugrenzen, hier gangbar? Wie dem auch sei, die chinesischen Künstler und Denker haben nicht aufgegeben: Sie haben verstanden, dass man die Ebene, auf der sich die Vielfalt der von der Kunst hervorgebrachten Schönheiten und die Vielfalt der menschlichen Geschmacksurteile manifestiert, überschreiten muss, um auf eine höhere Ebene zu gelangen, die der Quelle des schöpferischen Handelns näher ist.

Von der Vision des Tao geprägt, waren sie davon überzeugt, dass das Sich-Entfalten des Weges eine beständige Schöpfung ist und dass der Mensch durch seinen eigenen Schöpfungsakt daran teilnimmt und so seine Würde erlangt. Sie haben auch versucht, geeignete Begriffe zu finden, um damit die Eigenschaften zu bezeichnen, die ein Kunstwerk besitzen muss, das diesen Namen verdient – Begriffe, die in enger Verbindung zu der kosmologischen Auffassung stehen, nach der die menschlichen Handlungen mit dem «universellen Entstehen» verknüpft sind. Man sieht, welch hohen Anspruch sie hatten. Das heißt nicht, dass sie die mühsame Kleinarbeit gescheut hätten, die zahlreichen Arten von Schönheit, die Dichtung und Malerei hervorgebracht haben, zusammenzustellen oder zu beschreiben. Viele Texte befassen sich damit. «Shipin», «Über die Poesie», von Si Kongtu, der im 9. Jahrhundert gelebt hat, ist sicher der berühmteste. In diesem Werk unterscheidet der Autor vierundzwanzig poetische Zustände, denen ebenso viele Arten von Schönheit entsprechen, von den nüchternsten und fadesten bis zu den prächtigsten und glanzvollsten; von den geheimnisvollsten und verschlungensten bis zu den zartesten und ätherischsten, ohne die anderen Zustände zu vergessen: skurril, wild, pathetisch oder tragisch.

Ich für meinen Teil werde drei Begriffe der chinesischen Ästhetik herausgreifen, die mir grundlegend erscheinen. Alle drei betreffen in erster Linie die Malerei, sind aber auch für die anderen Kunstformen relevant. Sie bilden ein «System» in drei Stufen, das als Kriterium für die Bewertung von Kunstwerken dienen kann. Ich werde sie in der folgenden organischen Reihenfolge vorstellen: «yin yun», «qi yun» und «shen yun».

1. Die Grundstufe: «yin yun», «Einheit stiftende Interaktion». Im wörtlichen Sinn bedeutet dieser Begriff einen atmosphärischen Zustand, der entsteht, wenn unterschiedliche Elemente, die einen zum yin gehörig, die anderen zum yang, in Kontakt und Austausch treten. Sie ziehen sich an, sprechen sich an, durchdringen sich gegenseitig, um ein Magma oder vielmehr eine Osmose zu bilden, aus der die Gestalten auftauchen und sich behaupten, mit ihrem Knochengerüst, ihrem Fleisch, ihren Formen und Bewegungen.

Metaphorisch gesehen, verweist der Begriff auch auf einen Geschlechtsakt, bei dem die Partner sich ihres Unterschieds bewusst werden, während sie doch nach Einheit streben. All dies nach dem Bilde des «Hundun», des «anfänglichen Chaos», das im Keime die Differenzierung enthielt und nicht ruhte, bis Himmel und Erde entstanden. Diese behaupten, sobald sie da sind, ihr jeweiliges Sein, wenn sie auch wissen, dass das eine zum anderen gehört, denn sie vergessen ihr ursprüngliches Vermischtsein nicht. Es handelt sich um eine ewige dynamische Bewegung aus Gegensatz und Einheit, die auch dem lebendigen Stoff eines malerischen Werks zugrunde liegt und für ihn unentbehrlich ist. Zu Himmel–Erde fällt mir das Ideogramm «eins» ein, das mit einem horizontalen Strich geschrieben wird. Dieses Zeichen stellt im chinesischen Denken den anfänglichen Strich dar – den ursprünglichen Atem –, der den Himmel und die Erde trennte; er bedeutet also zugleich Trennung und Einheit.

Wie sollte man bei diesem Zeichen nicht an die Theorie vom Einen Pinselstrich denken, an der Shitao, der große Maler des 17. Jahrhunderts, so sehr hing? Ihm zufolge enthält der Eine Pinselstrich – die Grundeinheit – sämtliche möglichen und vorstellbaren Striche; er verkörpert zugleich das Eine und das Vielfältige, wie der ursprüngliche Atem, der die Grundeinheit ist und alle Wesen beseelt. Wenn der

Künstler über den Einen Pinselstrich verfügt, kann er zu dem Vielfältigen, dem unendlich Großen übergehen, ohne sich je zu verlieren; im Gegenteil, er hat Zugang zu einer höheren Ordnung. Shitao hat dem Begriff «yin yun» ein Kapitel seines Buches «Bemerkungen über die Malerei» gewidmet; er sagt, dass «yin yun» in einem sehr konkreten Sinn auch jenen entscheidenden Moment bezeichnet, in dem der Pinsel des Künstlers auf die Tusche trifft, um einer Figur oder einer Szene Gestalt zu geben. In der künstlerischen Imagination der Chinesen verkörpert die Tusche alle Virtualitäten der werdenden Natur und der Pinsel den Geist des Künstlers, der sich der ihrer Enthüllung harrenden Natur nähert und ihr Ausdruck verleiht. In der Einheit Pinsel–Tusche, in der sich «yin yun» verwirklicht, knüpft sich eine sinnliche Beziehung zwischen dem fühlenden Körper des Künstlers und dem gefühlten Körper der Landschaft. Nimmt man alles zusammen, dann ist «yin yun» diese einem Werk innewohnende Qualität: eine Einheit stiftende Ordnung, die im Inneren einer mehrstufigen Interaktion zwischen den verschiedenen Elementen einer Materie entstanden ist, zwischen der Materie und dem Geist, zwischen dem Subjekt Mensch und dem lebendigen Universum, das selbst ein Subjekt ist.

2. Die Zwischenstufe: «qi yun», «rhythmischer Atem».
«Den rhythmischen Atem beleben», lautet eine der sechs Regeln, die Xie He am Anfang des 6. Jahrhunderts für die Malerei formulierte. Die anderen Regeln beziehen sich auf das Studium der alten Meister, auf die Prinzipien der Komposition, auf den Gebrauch der Farben usw. Die genannte Regel ist die einzige, die sich auf die Seele eines Werks bezieht, und zwar in dem Sinn, dass der rhythmische Atem nach Auffassung des Autors ein Werk in seiner Tiefe strukturiert und es zum Leuchten bringt. In der Folgezeit schloss sich die Mehrheit der Künstler dieser Auffassung an, und die Regel «Den rhythmischen Atem beleben» wurde zur goldenen Regel der Malerei und wurde dann auf die Kalligraphie, die Poesie und die Musik ausgedehnt. Wenn das Thema des Rhythmus in der chinesischen Kunst eine so herausragende Stellung einnimmt, so weil die chinesische Kosmologie – die auf der Idee des Atems beruht – wie selbstverständlich die Idee der Großen Rhythmik als einer das lebendige Universum beseelenden Bewegung eingeführt hat.

Dieser Kosmologie entspricht dann weiterhin, dass im chinesischen Denken «der Atem zu Geist wird, wenn er den Rhythmus erreicht»; hier ist der Rhythmus fast ein Synonym für das innere Gesetz der lebendigen Dinge, das die Chinesen «li» nennen. Es sei sogleich präzisiert, dass die Bedeutung des

Rhythmus weit über die des Takts hinausgeht, dieser quälenden Wiederholung des Gleichen. In der Wirklichkeit wie im Werk belebt der Rhythmus eine gegebene Entität von innen her, doch er hat zugleich mit vielen jeweils gegenwärtigen Entitäten zu tun. Wenn ein Werk beispielsweise Raserei oder Gewalt ausdrückt, kann der Rhythmus Zusammenstöße, Verwicklungen und Durchkreuzungen implizieren. Im Allgemeinen zielt er jedoch auf Harmonie im dynamischen Sinn des Wortes, eine aus Kontrapunkten und ihnen gemäßen Widerklängen bestehende Harmonie. Seine Raum-Zeit ist keineswegs eindimensional. Durch seine spiralförmige Bewegung, die hochschnellen oder hervorquellen kann, nimmt seine vertikale Intensität ständig zu und bringt dabei unvorhergesehene Formen und unerwartete Echos hervor. In diesem Sinn wirkt der rhythmische Atem in einem Werk verbindend, strukturierend, vereinheitlichend und bewirkt Metamorphose und Verwandlung.

Da wir vom Atem sprechen, ist es angebracht, die Bedeutung der «mittleren Leere» oder vielmehr der vielen «mittleren Leeren» zu unterstreichen. Dort nämlich zirkuliert und erneuert sich der Atem. Diese «mittleren Leeren», breit oder eng, offen oder verborgen, flößen einem Werk den Atem ein, strukturieren seine Form und erlauben dem Unerhofften, in Erscheinung zu treten. Ich möchte hier einige

Auszüge aus dem vorzüglichen Text meines Lehrers und Freundes Henri Maldiney über den Rhythmus zitieren, so treffend scheinen sie mir: «Die periodische Wiederkehr des Gleichen, das Wiederholungsprinzip, das den Takt ausmacht, ist die absolute Negation der Erzeugung des unvorhersehbaren und unverrückbaren Neuen, dessen Ereignis und Ankunft der Rhythmus ist … Das ähnelt einer Welle. Ihre sich bildende Form, die in uns widerhallt, ist der sich eigenständig bewegende Ort unserer sich in jedem Augenblick ereignenden Begegnung mit der Welt um uns herum. Steigen und Fallen folgen hier nicht aufeinander, sondern gehen ineinander über. In der Nähe des Wellenkamms – unsere Erwartung steigert sich – verlangsamt sich die Aufstiegsbewegung der Welle; doch kurz bevor sie das Tal erreicht, beschleunigt sie sich. So ist jedes der beiden Momente, das steigende und das fallende, im Voraus in seinem Gegenteil enthalten. Sie können sich nicht voneinander loslösen, ohne mit ihrer Koexistenz zugleich die Dimension einzubüßen, die ihre Existenz ausmacht. Die Momente eines Rhythmus existieren nur im wechselseitigen Bezug zueinander, in seinem unvorhersehbaren Sich-Ereignen … Ein Rhythmus verläuft nicht *in* Zeit und Raum, er erzeugt seine Raum-Zeit. Das Sich-Ereignen eines rhythmischen Raums fällt mit der konstitutiven Verwandlung aller Elemente eines Kunstwerks in Momente der Form, in Momente des Rhythmus zusammen. Diesen Rhythmus kann man nicht vor sich haben; er gehört nicht zur Ordnung des Habens. Wir *sind* im Rhythmus. In ihm gegenwärtig-anwesend, entdecken wir unsere Anwesenheit bei uns. Wir leben in dieser Öffnung, indem wir sie leben. Der Rhythmus ist eine Form des Lebens, der Existenz als Überraschung ... Selten sind die Werke, deren Gegenwart für uns Anlass ist, zu *sein*. Das Schiff der Hagia Sophia in Konstantinopel, die «Kakis» von Mou-ki, die Montagne Sainte-Victoire von Cézanne im Museum von Sankt-Petersburg ...»[41]

3. Schließlich die höchste Stufe, «shen yun», «göttliche Resonanz». Dieser Ausdruck bezeichnet die höchste Eigenschaft, die ein Werk besitzen muss, um erstrangig zu sein. Er ist nur schwer fassbar, so sehr suggeriert er etwas Abstraktes und Vages. Chinesen hüten sich, ihn in eine zu starre Definition zu bannen; sie halten die Eigenschaft, die er evoziert, für einen Zustand, den «man empfinden kann, ohne ihn eindeutig darlegen zu können».

Versuchen wir trotzdem, ihn möglichst genau einzugrenzen. «Shen», gewöhnlich mit «Geist» oder «göttlicher Geist» übersetzt, verkörpert den höheren Zustand des «qi», des «Atems». Nicht anders als «qi» liegt «shen» dem lebendigen Universum zugrunde. Während nach chinesischer Auffassung der ursprüngliche Atem alle Lebensformen beseelt, regiert der Geist den mentalen, den bewussten Teil des lebendigen Universums. Diese Auffassung mag erstaunen. Denn die Aussage, dass dem Menschen, diesem denkenden Wesen, «shen» innewohnt, scheint für jeden akzeptabel; doch die Behauptung, dass auch dem lebendigen Universum «shen» innewohnt und dass es vor allem von ihm regiert wird, kann einem ausgesprochenen Materialisten verdächtig erscheinen. Der tiefere Grund für eine solche Auffassung liegt darin, dass das chinesische Denken Materie und Geist nicht trennt. Es denkt in der Sprache des «*Lebens*», das als Grundeinheit gilt. Es kennt zwar verschiedene Ebenen in der Ordnung des Lebens, jedoch keine Diskontinuitäten oder Brüche zwischen den Ebenen. Häufig meint man, ein Volk, das von einem solchen Denken geprägt wurde, sei «wenig religiös» gewesen, und das stimmt wahrscheinlich – doch hat es den Buddhismus, den Islam und das Christentum nicht gehindert, in China Fuß zu fassen. Dieses Volk hatte einen ihm eigenen Sinn für das Heilige – das Heilige, das nichts anderes ist als das Heilige des Weges, dieser unwiderstehlichen Bewegung des offenen Lebens. Ein Satz, der in den Kommentaren zum «Buch der Wandlungen» steht und naiv zu sein scheint – so einfach ist er –, kann es vielleicht definieren: «Das Leben zeugt das Leben – ohne Ende.» Das Leben hat hier einen Sinn, der den bloßen Tatbestand der Existenz überschreitet; es bedeutet immer auch all das, was es an Versprechen enthält. Dieses unveräußerliche und offene Prinzip trägt den Namen göttlicher Geist. Wie aber nimmt sich dieses Heilige, dieses «shen», das sowohl dem lebendigen Universum als auch dem Menschen innewohnt, des Leidens an, das mit der Lebensbedingung der Sterblichen gegeben ist? Fordernd und unparteiisch, mag «shen» «gleichgültig» erscheinen; und der Mensch, so oft von Schrecken, Leid und Hass erdrückt, mag von ihm Rechenschaft fordern oder Gewalt gegen es anwenden. Doch das Heilige selbst ist nicht Gewalt.

Zu den Künstlern unterhält «shen» eine geheime einvernehmliche Beziehung. Die größten unter ihnen, Dichter und Maler, haben versichert, der Pinsel werde «vom shen geführt». Es sei daran erinnert, dass die Tradition der Gelehrten, denen zufolge Poesie und Malerei die höchste menschliche Erfüllung bringen, nicht zwischen Ästhetik und Ethik trennt. Sie fordert den Künstler dazu auf, heilig zu leben, wenn es ihm darum geht, dass sein eigener Geist dem göttlichen Geist auf der höchsten Ebene begegnet. In der chinesischen Sprache ist es üblich, «shen», «göttlicher Geist», mit «sheng», «Heiligkeit», zu verbinden. Und das zusammengesetzte Wort «shensheng», «Göttlicher Geist–Heiligkeit», bezeichnet genau den besonderen Augenblick, in dem das «sheng» des Menschen mit dem universellen «shen» in einen Dialog tritt, der ihm den geheimsten, den intimsten Teil des lebendigen Universums eröffnet. Daher ist der Ausdruck «göttliche Resonanz» als «mit dem göttlichen Geist zusammenklingend» zu verstehen. Die Idee, die davon ausgeht, ist also eine wesenhaft musikalische, und in der Tat ist die Musikalität in der chinesischen Kunst von großer Wichtigkeit. Bei der Malerei und der Poesie darf allerdings der visuelle Aspekt nicht vernachlässigt werden; um den Begriff der «göttlichen Resonanz» zu erfassen, ist die Idee der Vision und der Anwesenheit heranzuziehen.

Auf einem Gemälde kann die Landschaft, die der Künstler mit seinem Pinsel hervorbringt, stolz oder niedergedrückt, kompakt oder zart, lichtumflutet oder geheimnisvoll sein, Hauptsache ist, dass diese Landschaft über die Dimension bloßer Repräsentation hinausgeht und sich als ein Erscheinendes, ein Sich-Ereignendes darbietet. Das Sich-Ereignen einer Anwesenheit – nicht im übertragenen oder anthropologischen Sinn des Wortes –, die man empfinden oder ahnen kann, die des göttlichen Geistes selbst. Mit ihrem ganzen Anteil an Unsichtbarem entspricht diese Anwesenheit dem, was die chinesischen Theoretiker «xiang wai zhi xiang», «Bild jenseits der Bilder», nennen. Sie steht auch dem

nahe, was die chan-Spiritualität als *Erleuchtung* er-
fährt. Wenn man plötzlich angesichts einer Naturszene, eines blühenden Baumes, eines Vogels, der
unter Schreien auffliegt, eines Sonnen- oder Mond-
scheins, der einen Moment des Schweigens erhellt,
auf die andere Seite der Szene gleitet, jenseits des
Vorhangs der Phänomene, hat man den Eindruck
einer Anwesenheit, die wie von selbst da ist, zu sich
kommt, ganz, ungeteilt, unerklärlich und doch unleugbar, wie ein großzügiges Geschenk, das bewirkt,
dass alles da ist, wundersam da, und ein Licht verbreitet in der Farbe des Ursprungs und einen ver-
trauten Gesang von Herz zu Herz, von Seele zu
Seele murmelt.

Ich habe gerade das Wort «Seele» ausgesprochen; es bringt mir den Begriff «yijing» in Erinnerung, «Dimension der Seele», dem wir bereits in der
zweiten Meditation im Zusammenhang mit der Rose
begegnet sind und der in der chinesischen Ästhetik
in etwa «shen yun», der «göttlichen Resonanz», entspricht. Nicht anders als «shen» kommt «yi», «Dis-
position des Herzens, der Seele», sowohl dem Menschen als auch dem Universum zu. «Yijing» legt also
ein heimliches Einverständnis von Seele zu Seele
zwischen dem Menschlichen und dem Göttlichen
nahe, das die chinesische Sprache mit dem Ausdruck
«moqi», «stilles Einverständnis», bezeichnet. Ein niemals vollständiges Einverständnis: Immer wird es

einen Bruch, ein Schweben, einen Mangel geben. Das ersehnte Unendliche ist sehr wohl ein Un-Beendetes. Die Leere, die eine chinesische Bildrolle fortsetzt, bedeutet nichts anderes. Diese vom Atem bewegte Leere birgt eine Erwartung, ein Horchen, das bereit ist, ein neues Ereignis – Künder eines neuen Einverständnisses – zu empfangen. Im Hinblick darauf ist der Künstler seinerseits immer dazu bereit, Leid und Kummer, Entbehrung und Verlust zu ertragen und sich sogar von dem Feuer seines Schaffens verzehren und von dem Raum des Werks ganz aufnehmen zu lassen. Er weiß, dass die Schönheit mehr als etwas Gegebenes ist: die höchste Gabe dessen, was uns geschenkt worden ist. Und dass sie für den Menschen immer mehr sein wird als eine Errungenschaft, nämlich eine Herausforderung, eine Wette.

Anmerkungen

1 Der Autor und der französische Verlag danken Ysé Tardan-Masquelier und Patrick Tomatis dafür, dass diese Abende in dem angemessenen Rahmen eines schönen Meditationsraums am Sitz des «Nationalen Verbands der Yogalehrer» stattfinden konnten.

2 Fjodor Dostojewski, Der Idiot, übers. von E. K. Rahsin, München, Zürich 2004, S. 588.

3 Henri Maldiney, Ouvrir le rien. L'art nu, La Versanne 2000.

4 Alain Michel, La parole et la beauté. Rhétorique et esthétique dans la tradition occidentale, Paris 1982, S. 48.

5 Angelus Silesius, Cherubinischer Wandersmann. Sinnliche Beschreibung der vier letzten Dinge (Sämtliche poetische Werke, Band 3), München 1949, S. 37.

6 Laotse, Tao te king. Das Buch vom Sinn und Leben. Aus dem Chinesischen von Richard Wilhelm, München 2005, S. 52, 54.

7 Paul Claudel, Connaissance de l'Est, Paris 1974.

8 Vgl. Paul Claudel, Gedichte. Übertragen von Hans Urs von Balthasar, Band 1, Heidelberg 1963, S. 130.

9 Vgl. Charles Baudelaire, Die Blumen des Bösen. Les Fleurs du Mal. In der Übertragung von Carl Fischer, München 1979, S. 23. Hier übersetzt von Judith Klein.

10 Laotse, Tao te king. Das Buch vom Sinn und Leben. Aus dem Chinesischen von Richard Wilhelm, München 2005, S. 41. Hier übersetzt von Judith Klein.

11 John Keats, Endymion I, 1, in: John Keats, Gedichte. Übers. und hrsg. von Hans Walter Häusermann, München 1995, S. 8.

12 François Dolbeau, Sermon inédit de saint Augustin sur la providence divine, in: Revue des Études Augustiniennes 41 (1995), S. 283. Hier übersetzt von Bernward Schmidt.

13 Vgl. Michelangelo, Die gesammelten Sonette. Übertr. von Michael Engelhard, Amsterdam 1992, S. 13.

14 Vgl. Paul Verlaine, Gedichte. Französisch und deutsch. Übers. von Hannelise Hinderberger, Gerlingen 1992, S. 65. Hier übersetzt von Judith Klein.

15 France Quéré, Le sel et le vent, Paris 1995, S. 150 bis 152.

16 Sonette an Orpheus I, 3, in: Rainer Maria Rilke, Gedichte. Erster Teil, hrsg. vom Rilke-Archiv in Verbindung mit Ruth Sieber-Rilke, Frankfurt/Main 1987, S. 732.

17 Das Zitat stammt aus dem Buch Jesus Sirach (Sir 32,5).

18 Henri Bergson, Denken und schöpferisches Werden. Aufsätze und Vorträge. Übers. von Leonore Kottje, Frankfurt/Main 1985, S. 270.

19 Vgl. Plotin, Ausgewählte Schriften. Hrsg., übers. und kommentiert von Christian Tornau, Stuttgart 2001, S. 294.

20 Vgl. Plotin, Ausgewählte Schriften. Hrsg., übers. und kommentiert von Christian Tornau, Stuttgart 2001, S. 167. Hier übersetzt von Judith Klein.

21 Emerich Kastner (Hrsg.), Ludwig van Beethovens sämtliche Briefe. Völlig umgearbeitete und wesentlich vermehrte Neuausgabe von Julius Kapp, Leipzig 1923, S. 224.

22 Nicolas Boileau, Epistre IX, in: Boileau, Œuvres complètes, hrsg. von Françoise Escal, Paris 1966, S. 134.

23 Alfred de Musset, Premières Poésies – Poésies Nouvelles, Paris 1976, S. 386.

24 Vgl. Grant F. Scott (Hrsg.), Selected Letters of John Keats. Revised edition, Cambridge/Mass., London 2002, S. 290: «Call the world if you Please ‹The vale of Soulmaking.›»

25 John Keats, Werke und Briefe. Ausgewählt und übertr. von Mirko Bonné, Stuttgart 1995, S. 138.

26 Friedrich Hölderlin, In lieblicher Bläue, in: Sämtliche Werke, Bd. 2, hrsg. von Friedrich Beissner, Stuttgart 1951, S. 372 (der Text kann Hölderlin nicht mit letzter Sicherheit zugeschrieben werden; Anm. d. Übers.).

27 Konfuzius, Gespräche. Lun-yü. Aus dem Chinesischen von Richard Wilhelm, München 2005, S. 53 und 83.

28 Das «gemeinsame Geborenwerden» (co-naissance) von Welt und «In-der-Welt-Sein» des Menschen, in dem auch «connaissance», Kenntnis, anklingt (Anm. d. Übers.).

29 Henri Maldiney, L'Avènement de l'œuvre, Saint-Maximin 1997.

30 Im Deutschen auch als «Pneuma» oder «Hauch» übersetzt (Anm. d. Übers.).

31 Meister Eckhart, Gottesgeburt. Mystische Predigten, hrsg., übers. und kommentiert von Günter Stachel, München 1995, S. 105.

32 Julien Green, Œuvres complètes. Hrsg. von Jacques Petit, Bd. 5, Paris 1977, S. 924.

33 Angelus Silesius, Cherubinischer Wandersmann. Sinnliche Beschreibung der vier letzten Dinge (Sämtliche poetische Werke, Band 3), München 1949, S. 8.

34 Deutscher Titel des Romans «The Sound and the Fury» (1929) von William Faulkner (Anm. d. Übers.).

35 Max Jacob, L'Homme de Cristal. Poèmes, Paris 1967, S. 45.

36 Max Jacob, Derniers poèmes, Paris 1961, S. 118.

37 Charles Baudelaire, Die Blumen des Bösen. Les Fleurs du Mal. In der Übertragung von Carl Fischer, München 1979, S. 33.

38 Platon, Phaidros. Übers. u. erl. von Constantin Ritter, in: Platon, Sämtliche Dialoge, Band II, Hamburg 1988, S. 64.

39 Aristoteles, Metaphysik. Nach der Übers. von Hermann Bonitz bearbeitet von Horst Seidl (Philosophische Schriften 5), Hamburg 1995, S. 274.

40 Immanuel Kant, Kritik der Urteilskraft. Hrsg. von Karl Vorländer, Hamburg 1990, S. 39, 48, 58, 77, 82.

41 Henri Maldiney, Notes sur le rhythme, in: Fario, Heft 1 (2005).

Aus unserem
Verlagsprogramm

Philosophie bei C.H.Beck

Wolfgang Bauer
Geschichte der chinesischen Philosophie
Konfuzianismus, Daoismus, Buddhismus
Herausgegeben von Hans van Ess
3. Auflage. 2018. 339 Seiten. Broschiert
Beck'sche Reihe Band 1700

Claudia Rinke
Kinder sprechen mit dem Dalai Lama
Wie wir eine bessere Welt erschaffen
Mit einem Nachwort von Felix Finkbeiner
Illustriert von Jens Bonnke
2015. 158 Seiten mit 20 farbigen Abbildungen.
Halbleinen

Heiner Roetz
Konfuzius
3., überarbeitete und erweiterte Auflage. 2006.
136 Seiten mit 4 Abbildungen. Broschiert
Beck'sche Reihe Band 529

Helwig Schmidt-Glintzer
Der Buddhismus
4., durchgesehene Auflage. 2019. 128 Seiten. Broschiert
C.H.Beck Wissen Band 2367

Albert Schweitzer
Werke aus dem Nachlaß
Geschichte des chinesischen Denkens
Herausgegeben von Bernard Kaempf und
Johann Zürcher
Mit einem Nachwort von Heiner Roetz
2002. 360 Seiten. Leinen

Verlag C.H.Beck München

Kunst und Philosophie bei C.H.Beck

Helmut Brinker
Die chinesische Kunst
2009. 128 Seiten mit 47 Abbildungen,
davon 16 in Farbe, und einer Karte. Broschiert
C.H.Beck Wissen Band 2571

Was ist Gott?
Das Buch der 24 Philosophen
Lateinisch – Deutsch
Erstmals übersetzt und kommentiert von Kurt Flasch
4., durchgesehene Auflage. 2018. 128 Seiten. Broschiert
Beck'sche Reihe Band 1906

Michael Hauskeller
Was ist Kunst?
Positionen der Ästhetik von Platon bis Danto
11. Auflage. 2020. 109 Seiten. Broschiert
Beck'sche Reihe Band 1254

Ich denke, also bin ich
Grundtexte der Philosophie
Eingeleitet und kommentiert von Ekkehard Martens
6. Auflage. 2015. 269 Seiten. Broschiert
Beck Paperback Band 1364

Herbert Schnädelbach
Was Philosophen wissen
und was man von ihnen lernen kann
3. Auflage. 2012. 237 Seiten. Gebunden

Verlag C.H.Beck München